Jaime Barylko

•

LOS HIJOS
Y LA RELIGIÓN

Jaime Barylko

·

Los hijos
y la religión

Emecé Editores

159.98 Barylko, Jaime
BAR   Los hijos y la religión. - 1a ed. - Buenos Aires : Emecé, 2000.
         216 p. ; 23x15 cm. - (Divulgación)

         ISBN 950-04-2152-6

         I. Título - 1. Autoayuda

Emecé Editores S.A.
Alsina 2062 - Buenos Aires, Argentina
E-mail: editorial@emece.com.ar
http: // www.emece.com.ar

Diseño de tapa: *Eduardo Ruiz*
Fotocromía de tapa: *Moon Patrol S.R.L.*
Foto de tapa: *Focus*
Primera edición: 14.000 ejemplares
Impreso en Printing Books,
Gral Díaz 1344, Avellaneda, septiembre de 2000

IMPRESO EN LA ARGENTINA / PRINTED IN ARGENTINA
Queda hecho el depósito que previene la ley 11.723
I.S.B.N.: 950-04-2152-6
23.576

CAPÍTULO I

¿CÓMO CRIAMOS A NUESTROS HIJOS?

VER O NO VER

Padre e hijo caminaban por los campos en una tersa noche de verano, en silencio. De pronto el hijo expresó:

—¡Papá, veo a Dios en el cielo!

—¿Dónde, hijo, dónde? —se asombró el padre mientras se ponía a mirar en todas direcciones.

—Allí, papá, allí, fíjate, eso blanco... —insistió el niño.

—¿Dónde?, ¡indícame dónde que no alcanzo a ver! —se desesperaba el padre.

—Allí, ¿cómo es que no lo ves, papá? —se admiró el hijo.

—Es que no lo veo, hijo, no sé, no puedo, no lo veo...

—Entonces —añadió tristemente el chico— no ves nada, papá...

NIKOS ME ATACA

—¿Y qué derecho tenés de imponerles una religión a tus hijos?
—preguntó, punzante, mi amigo Nikos, soltero, millonario, de izquierda y amante de la mollejita a la provenzal.

Somos amigos desde nuestras respectivas adolescencias. Me gusta charlar con él, y también me gusta, de cuando en cuando, mezclar el diálogo filosófico con delicados banquetes, como hacía el viejo Platón en su tiempo, y como Nikos es de origen griego, eso lo hace más platónico aún.

—¿Y qué derecho tenés de imponerles una religión a tus hijos? —preguntó, punzante, mi amigo Nikos, soltero, millonario, de izquierda y amante de la mollejita a la provenzal.

Estábamos en las laderas de San Isidro, en una parrilla de aspecto popular pero nada popular, tipo rústica, para que los ricos coman tranquilos jugando a ser pobres, y ahí nos comunicábamos mediante el vino francés y los robustos langostinos. Yo le había contado, entre calamares y caracoles, que días atrás habíamos celebrado la Fiesta de Pascua, y le narré cómo llevé a los chicos a la sinagoga, y el ritual que practicamos juntos en casa. No imaginé que iba a provocar una polémica.

Terminaba de descascarar uno de esos bichos, y me quedé con él en la mano, pensativo, ante la filosa pregunta de Nikos. Dejé el langostino en el plato, aparté la salsa golf, me limpié los dedos con la servilleta, mientras el cerebro me trabajaba a todo vapor. Finalmente le dije:

—Te hablaré claro, Nikos. Primero, de nenes no sabés nada.

—Yo también fui nene —me retrucó con el tenedor ensartado en un aro de cebolla crocante.

—Bien dicho, fuiste nene. ¿Y qué recordás de tu niñez? —ataqué, con toda delicadeza porque la infancia merece mucho respeto.

—Recuerdo todo —dijo Nikos con ojos de ensueño y nostalgia—. Los paseos por el mediterráneo, un viaje a Venecia, la impresión que me causó el Escorial, la Filarmónica de Berlín. Me llevaban a todos lados, mis viejos, pobres. (Lo de "pobres" alude al trágico episodio en el que los padres perdieron la vida, y dejaron a Nikos solo en el mundo, a los diecisiete años, cuando terminábamos juntos el bachillerato, y con una fortuna inmensa que apenas le sirve de consuelo.)

—Si te acordás de todo eso —le respondí— es porque te habrá causado impresión.

—Por supuesto, por supuesto— asintió Nikos, esbozando el anuncio de alguna humedad en el ojo izquierdo, el más sensible, y se abocó de inmediato a la paellita que precedía a las infaltables morcillas.

—Y bien, tus padres te llevaban, te traían, te hablaban, te contaban, te cantaban... Seguramente te llevaron también alguna vez a algún templo o iglesia...

Me interrumpió pegando un salto que hizo volar una cuchara de arroz apaellado por los aires. Estaba irritado, enojado.

—El templo de mi infancia... —se detuvo, no sé si por la emoción de los recuerdos o porque se le había cortado el hilván del pensamiento— es parte de mi infancia, no es un templo, es un lugar donde yo vibraba, sentía, jugaba, me reía con otros compañeritos y... a veces también lloraba. Pero eso no era religión, ¡no te confundas ni quieras confundirme a mí! —gritó, con aire de ofendido.

—No es mi intención confundirte ni ofenderte. Quería que vieras que toda tu infancia, desde que naciste, estuvo marcada por otra gente que te ofrecía viajes, placeres, juguetes, vocabulario, cantos y comidas, y templo también, entre otras cosas o acontecimientos.

—¿Y eso qué demuestra? —me miró intrigado, mientras llenaba los vasos de vino purísimo.

—Demuestra que somos y tenemos en la cabeza, en los sentimientos, en la memoria, aquello que se nos dio y que luego elaboramos, cada uno a su modo, y que la religión es tan impuesta, si así querés llamarla, como el resto de los elementos que constituyen tu identidad, el sentirte griego...

—Soy argentino, che...

—Cierto, pero no dejás de ser griego también, de estremecerte cuando oís a Theodorakis, cuando recordás tiempos de tu infancia. Todo te fue impuesto, el país, el idioma, el aire, las costumbres, el gusto por ciertas comidas, la ópera, el sabor de la naturaleza en aquellos lares del mediterráneo. No los elegiste, te fueron impuestos por la educación, la de tus padres, la que encontraste en tu camino, la de otra gente, la de la radio, la de todo hecho que te haya dejado alguna impronta, positiva o negativa. La religión es una partecita de todo un mundo que te fue impuesto. De modo que —y aquí me puse yo un tanto furioso o patético— no me vengas con que la religión se impone, y lo demás se elige en plena libertad. ¡No hagas chistes! Un tipo como vos, Nikos, inteligente —eso le gusta que le diga, cambia de semblante e irradia chispazos de felicidad—, descendiente de Platón y Aristóteles...

Me dirigió una mirada que significaba "basta, no cargues más".

—Un tipo como vos —seguí con mi perorata— no puede ignorar que somos cultura, la que nos modela y la que nos esculpe, somos la educación que recibimos, el ambiente que se fundió en nuestra sangre, la religión, el fútbol, las mujeres...

—¿Qué tenés contra las mujeres? —gimió con gestos de payaso.

—Nada, nada, sólo que también ellas, también el deseo, también la libido, son imágenes y frutos de lo que la sociedad nos impone. Antes adorábamos a las gorditas, hoy a las raquíticas... Hoy pasamos y ellas nos miran, en la calle, el sector más alto de los pantalones y dicen: "¡Qué bien que está!"

—*O tempora, o mores* —susurró Nikos contemplando las recién llegadas mollejitas.

—¿Y eso a qué viene?

—¿No te acordás —dijo— cuando estudiábamos latín juntos? Oh tiempos, oh costumbres, todo cambia...

—Como decía Heráclito — acoté yo, pero me interrumpió.

—Basta de pavadas, dale a las mollejitas que son una joya, un hemistiquio de Píndaro...

Me callé, finalmente, convencido de que la realidad a veces se reduce a un plato de mollejitas a la provenzal, frente al magnificente Río de la Plata.

No obstante la pregunta aquella siguió latiendo en mis venas, en mis oídos y me condujo a la escritura de este libro.

¿Tenemos derecho de imponer una religión a nuestros hijos?

TENEMOS MIEDO DE PERDER

Crecemos con legados y herencias que desconocemos. En efecto, somos lo que se nos hace ser por educación directa o indirecta. La religión no se impone más que las zapatillas importadas.

Crecemos con legados y herencias que desconocemos. En efecto, somos lo que se nos hace ser por educación directa o indirecta. La religión no se impone más que las zapatillas importadas.

Admitamos que vivimos en un mundo de pequeñas santidades irrevocables y que estamos habitados de ideas antiguas pero firmes, seguras, repetidas eternamente.

Como dice un personaje de Marco Denevi en su relato "El honor de Lucrecia": "Nos mantenemos fieles a antiguas martingalas, colocamos nuestra ficha siempre sobre los mismos números. Nos negamos a otras combinaciones, a otros juegos. Tenemos miedo de perder. A veces hasta preferimos conservar en la mano el montoncito de fichas antes que depositarlas sobre el tapete...".

ESO ES EL HOMBRE

Eso es el hombre. Un ser sumamente creativo, pero también sumamente rutinario. Un día fuimos todos religiosos. Así se estilaba. Como se estilaba el miriñaque y la polca. Nadie elige qué baile ha de bailar.

Uno nace y ya encuentra frente a sí un mundo elegido, desde los gestos de ira, de alegría, de pena, hasta los pantalones cortos, que uno debía usar hasta cumplir los doce o trece años, sin que nadie se rebelara, nadie preguntara por qué era así, simplemente porque así se estilaba, era el *must* de la época, el deber ser, como pedir la mano al padre de la novia.

Luego cambiaron las costumbres, los estilos y un día se puso de moda que la religión era el opio de las masas, que era una ilusión sin porvenir, que lo único que hay es materia, y ciencia, y realidad palpable, y que sólo la educación racional y atea es la que vale. Y esa fue durante largo tiempo nuestra martingala, que iba pasando de generación en generación, porque Dios había muerto y nosotros éramos unos vivos.

Ahora la ruleta está cambiando sus reglas de juego y habrá que revisar las martingalas. El ateísmo del progreso está haciendo agua. Las nuevas generaciones andan buscando algo, algo que no se ve satisfecho con una fórmula matemática o con un control remoto. Algo que es el control remoto ignoto de esta existencia, que no sabemos qué es, para qué es, y adónde debemos conducirla.

Estamos de vuelta. "Buscando a Dios en las tinieblas", como decía Antonio Machado.

Buscar no es tener, es querer tener.

DIOS FUE REEMPLAZADO POR PEQUEÑOS DIOSES

Dios fe reemplazado por el Big Bang. Y por la informática y por los diminutos teléfonos celulares. Los adoramos como si fueran dioses. Les rendimos culto y veneración. Y por ciertas marcas de zapatillas, de remeras, de lugares turísticos. Creemos en eso. Vivimos para eso. Nos sacrificamos por eso.

El amor fue reemplazado por la biología. La palabra fue reemplazada por la imagen. El comienzo casual y científico del universo reemplazó, como teoría, la historia esa de que Dios creó al mundo por su voluntad, y no por mero accidente molecular. Eso que Bellow denomina "el gran espasmo de procreación hace millones de años".

Lo que aquí, en el texto citado, se discute, no es cual teoría es la verdadera, si la del Big Bang o la de la *Biblia* que dice que "en el comienzo creó Dios los cielos y la tierra". Eso sería polemizar en torno de ideas o hipótesis. Las ideas o hipótesis enriquecen nuestra vida espiritual pero no modifican su esencia. Después de todo, ¿qué se modificó en la existencia cotidiana de los seres humanos después de que Galileo impuso la idea de que es la tierra la que se mueve en torno al sol y no al revés? Nada.

Si Dios es una respuesta a cómo se inició el mundo, es una idea más, y se guarda en la enciclopedia o en el disco rígido de tu cerebro.

> La religión no responde solamente a la pregunta "en qué crees", sino sobre todo a qué sentido tienen esas emociones que el frío intelecto no entiende: el amor, el deseo, la esperanza, los hijos.

Si Dios existe, implica un cambio total de la visión de mi vida, de qué hago hoy aquí, para qué estoy, para qué me esfuerzo, por qué estudio, para qué traigo hijos al mundo y qué valor tiene educarlos, con el sacrificio que eso implica.

La religión no responde solamente a la pregunta "en qué crees", sino sobre todo a qué sentido tienen esas emociones que el frío intelecto no entiende: el amor, el deseo, la esperanza, los hijos, no como entes meramente procreados sino como criaturas que vienen al mundo para enriquecer su desarrollo, y yo estoy en el mundo para enriquecer el desarrollo de mis hijos, de mi esposa, de mis amigos, y para ser por ellos enriquecido en este trajín que es "mucho llorar y poco reír" del devenir y que, sin embargo, a pesar de todo, elegimos con gusto porque ese es nuestro deber, nuestra finalidad y la razón de nuestro ser.

RESPETEMOS TODAS LAS NECESIDADES DE LOS HIJOS

Abraham Maslow se plantea que si el hombre desde siempre ha apelado a valores, a ideas extranaturales, a fantasías, digamos, acerca de Dios, del bien, del futuro, de la inmortalidad, del sentido de la vida, todo eso que no puede ser ni tocado ni radiografiado ni computarizado, pero que es tan importante en toda época y en toda sociedad; si siempre ha vivido el hombre en una condición física establecida dentro de una condición, digamos, espiritual es porque su naturaleza así lo reclama.

En consecuencia, gran parte de lo que llamamos cultura y que es convención exterior, es producto de una NECESIDAD.

Esa necesidad *es* naturaleza, está dentro de la genética humana. Sólo que solemos llamar necesidad al hambre, la sed, el sexo, las compulsiones que nos dominan, el miedo, la fuga, el ataque. Las otras son denominadas por Maslow *metanecesidades*.

"Estas metanecesidades aunque tienen ciertas características especiales que las diferencian de las necesidades básicas, están en el mismo universo del discurso y de la investigación que, por ejemplo, la necesidad de calcio o de vitamina C. La vida espiritual o valorativa se encuentra pues, bien dentro del reino de la naturaleza, más que constituir un ámbito diferente y opuesto".

Dicho en sencillo: no podemos vivir sin comer. Tampoco podemos vivir sin amar. Amor es una metanecesidad, un valor. Cierto, su ausencia no produce la muerte directamente, pero produce otras patologías que pueden conducir a conclusiones nefastas y en definitiva, a la muerte.

Necesitamos proteínas. También necesitamos creer en algo, en alguien, en algún objetivo para el cual esta existencia bien alimentada con proteínas tiene sentido. Es una necesidad, y la ejercemos a través de distintas respuestas.

Necesitamos saber para manejarnos tecnológicamente con el mundo. El que no sepa nadar se hundirá en el arroyo por el cual debe pasar todos los días. Creemos en esto o en aquello, o en el Big Bang de los científicos o en La Revolución del Proletariado de Marx, porque necesitamos creer. El contenido de la creencia,

15

entre aztecas, egipcios, nubios, fenicios y mongoles, es diferente. Como la comida puede ser diferente en cada pueblo para satisfacer la misma necesidad, la de alimentarse.

No podemos sino creer.

EL ALUMNO QUE SUFRÍA

—¿Qué te duele? —preguntó el Maestro de la meditación al joven estudiante, visiblemente invadido por la pena.

—Sufro, maestro, sufro… Ocurre que no estoy satisfecho conmigo mismo. Siento que lo que hago no es perfecto, no es suficientemente completo. Ni mi oración ni mi estudio ni el cumplimiento de los preceptos.

El Maestro lo contempló en silencio, meditativamente. Suspiró levemente y luego le dijo:

—¿Por qué has de pensar que Dios tiene necesidad de tus estudios, de tus plegarias, de tus buenas acciones? Tal vez lo que quiera Dios sea precisamente tu incertidumbre, tu duda, tus sufrimientos, tu insatisfacción. No seas como el zapatero que recibe la paga a cambio de los zapatos que hace. La paga que nosotros recibimos es el mismo esfuerzo que ejercemos por existir, la pena de nuestras tribulaciones.

El joven agradeció respetuosamente y ya estaba a punto de retirarse. El Maestro lo detuvo con estas palabras:

—Salomón, el Rey Sabio, habla de *sabidurías*, en plural. Al respecto cuentan los exegetas tres fábulas. La primera narra:

"Sobre un techo había un trozo de pan y nadie lo podía bajar. Apareció un sabio y dijo:

—Uniré varias escaleras y lo alcanzaré".

La otra sugiere:

"En un pozo profundo había agua de la mejor calidad, pero nadie sabía cómo extraerla. Apareció un sabio y dijo:

—Uniré varias sogas y con un balde extraeré el agua".

La tercera enseña:

"Un rey contrató gente para que llevaran agua en barriles agujereados. Los hombres se negaban a hacerlo porque no le encontraban sentido. Apareció un sabio y comentó:

—No importa para qué sirve, yo de todos modos recibiré mi recompensa".

—Y ahora te explicaré —continuó el Maestro— lo que representan estos tres sabios. Son tres eslabones de la sabiduría. El primero hizo una deducción muy sencilla: si el pan está sobre el

16

techo debe ser que alguien lo puso ahí. Si otro pudo subir también yo podré hacerlo. El segundo fue más lejos puesto que no tenía un camino que le antecediera. Él debía encontrar la manera para extraer el agua. Su sabiduría era mucho más auténtica. El tercer sabio está en el escalón más alto. La orden que había decretado el rey, aparentemente, era absurda: llevar agua en barriles agujereados. Así, en efecto, la interpretaron todos y por eso se negaron a trabajar. ¿De qué podía servir esa acción? Vino el sabio y descubrió el sentido: no es que el rey tenga interés en que los barriles estén llenos de agua; lo que quiere es que la gente actúe, haga, se mueva, ésa es su finalidad. Así lo interpretó el sabio mayor y por eso expresó: "No me importa para qué sirve, yo de todos modos recibiré mi recompensa". Comprendes, pues, que lo bueno no es igual a lo útil, a lo perfecto. En esta vida estamos rodeados de imperfecciones, sufrimientos, incertidumbres. Eso es la vida. El des-equilibrio. El misterio. La soledad.

El joven, conmocionado por las profundas palabras del maestro, se retiró.

El Maestro quedó solo. No estaba satisfecho. Quiso transmitir un mensaje. Habló, explicó. No obstante, sentía que la comunicación no puede ir más allá de los límites de la individualidad. Eso le dolía, por una parte. Por otra parte, le placía porque significaba que el conato comunicativo nunca se cumple totalmente y, en consecuencia cada día hay que renovarlo.

Eso es imitar a Dios, crear.

Cada día es nuevo bajo el sol.

Eso significa "creer".

IDEAS Y CREENCIAS

Escribe Ortega y Gasset en *Ideas y creencias*:

"Ha habido épocas en que lo más próximo a la realidad fue para el hombre la religión y no la ciencia. Hay una época de la historia griega en que la verdad era para los helenos lo que se suele llamar poesía".

Ortega se pregunta ¿para qué hace todo esto el hombre: religión, poesía, ciencia? Si lo hace, responde, es porque le sirve. Le sirve para salir de la duda cuando cae en ella. Esta es la vida humana, un sustrato de creencias que es el pavimento sobre el que nos movemos tranquilamente. Cuando ese pavimento se quiebra, se resquebraja, caemos en la duda y para salir de ella apelamos, en cada época, a otra construcción reparadora.

Estas construcciones se vuelven luego cultura, tradición, y se transmiten de padres a hijos.

Volviendo a Maslow:

"Lo que todo esto significa es que la llamada vida espiritual o valorativa pertenece al mismo continuo que la vida de la carne o del cuerpo, es decir la vida animal, la vida material... O sea que la vida espiritual es parte de nuestra vida biológica. La vida espiritual es, pues, parte de la esencia humana, es una característica definitoria de la naturaleza humana, sin la cual esta no es plenamente naturaleza humana".

Somos todo lo que somos, todo lo que nos pasa, la lluvia, la pradera, los horribles techos porteños que veo a través de mi ventana, nuestra romántica noche de luna, el momento de felicidad, la tristeza repentina que asoma sin causa. Todo lo que somos, eso somos.

Y todo lo que somos lo somos por igual. Igualmente necesitados de soledad como de sociabilidad. Igualmente necesitados de llorar por un ser querido que dejó de existir, como de comer exactamente en ese mismo momento porque los intestinos gimen, indiferentes al dolor.

UNA HISTORIA DE HOMERO

Ulises y sus compañeros navegaban por los mares. Se le advirtió a Ulises del peligro que se avecinaba. ¿En qué consistía ese peligro? En un canto encantador, arrobador; el canto de las sirenas.

Las sirenas, a diferencia de las actuales, eran pájaros monstruosos, pero cantaban maravillosamente, y la finalidad de ese canto era atrapar víctimas que luego se devoraban.

¿Qué hizo Ulises? Ordenó a sus compañeros que lo amarraran al palo mayor de la nave, de modo que cuando surgiera el canto de las sirenas lo oyera, pero no pudiera moverse para irse detrás de ellas. Y al resto de la gente les puso cera en los oídos.

Así fue. El canto de las sirenas apareció y Ulises, amarrado al palo, se volvía loco por desatarse y correr tras esas dulces voces. Pero los amigos cumplieron con lo prometido, y lo amarraron más fuerte aún.Y se salvaron. Las sirenas quedaron muy defraudadas, y los valientes griegos permanecieron vivos.

Más adelante les esperaba otra amenaza. Debían pasar por un estrecho que tenía dos puntas, en una estaba el monstruo Escila y en la otra Caribdis. Alejándose de uno caían en las fauces del otro. Era, por tanto, difícil tarea pasar por ese estrecho y sobrevivir.

Escila logró atrapar con sus múltiples cabezas y brazos a varios navegantes y los devoró.

Cuando termina esta aventura, narra Ulises en la *Odisea*, Canto XII:

"Detuvimos en el acogedor puerto nuestra bien construida nave, cerca del agua dulce. Mis compañeros desembarcaron y se pusieron a preparar con suma destreza la comida. Después que aplacaron el deseo de comer y beber, comenzaron a llorar, porque se acordaron en seguida, por los compañeros a quienes había devorado Escila, arrancándolos de la nave. Luego mientras lloraban, les sobrevino un profundo sueño".

¿Por qué cité este fragmento de la *Odisea*? Porque representa la sabiduría de la vida. Hay cantos que atrapan, pero pueden devorarte luego. Existir es pensar. Disfrutar, y al mismo tiempo, poner límites para lo peligroso, para lo negativo.

Eso es educar en toda la verdad. Es la verdad, como la ha compendiado Homero en el citado relato. Toda la verdad. Necesidad de llorar, necesidad de comer, necesidad de dormir, pero también necesidad de soñar. Esa la verdad. Toda. Y si no es toda, no es.

LOS MEDIOS Y LOS FINES

Esa es nuestra vida, cuerpo, alma, pies en el suelo con horizontes en el cielo. Tanto lo uno como lo otro nos es indispensable.

El calefón es muy necesario para la vida cotidiana, para bañarnos con agua caliente, y bañarnos es necesario para la higiene del cuerpo, que es necesaria para la buena salud.

Pero también es necesaria la *Biblia*, necesidad del alma, del sueño, de la reflexión que pregunta por qué estamos y para qué necesitamos cuidar tanto la salud. Debe haber algún "para qué". Esa es la necesidad religiosa o metafísica o poética, o como quieras llamarla.

Sin el calefón se podría vivir, y de hecho durante miles de años así fue. Sin una palabra, un mensaje que nos guíe a ciertos fines superiores en esta existencia mortal y efímera, se hace difícil vivir.

El drama del tango de Discépolo consiste en que el calefón y la *Biblia* están juntos, en el mismo nivel. El drama de los valores es que no distinguimos entre fines y medios, valores superiores y valores inferiores. La zapatilla, la hamburguesa, el auto importado, el celular minúsculo son medios para existir mejor y más cómodamente. Pero no son fines. No podemos vivir para ellos.

Debería haber algo más, algo superior, algo que una a millonarios y villas miseria para constituirnos en HUMANIDAD.

A la pregunta: *¿Con qué derecho cría usted a su hijo en religión?*
Corresponde la respuesta: *¿Con qué derecho cría usted a su hijo sin religión?*

El niño dispone de un alma, de una psique, que contiene entendimiento, practicidad y magia, es decir, poesía. Con el tiempo se lo educa, es decir se le van cortando todas aquellas alas que no corresponden a la práctica realidad; y termina siendo un siervo del calefón, del televisor, del viaje a Marbella.

La propuesta nuestra es dar pábulo a esas alas, dejar que crezcan, y en todo caso cuando crezcan que se caigan solas.

A la pregunta: *¿Con qué derecho usted cría a su hijo en religión?*

Corresponde la respuesta: *¿Con qué derecho cría usted a su hijo sin religión?*

El presidio y la luz. Lea, por favor, estos versos de Wordsworth:

Nuestro nacer no es sino un dormir y olvidar;
El alma que se eleva con nosotros, estrella de nuestra vida,
Tenía en otro lugar su sitio,
Y vino de lejos.
Ni en completo olvido,
Ni en total desnudez,
Sino como nubes con estela venimos

De Dios, que es nuestro hogar:
¡El cielo nos rodea durante la infancia!
Sombras de presidio empiezan a cerrarse
Sobre el muchacho que crece
Pero él mira la luz y cuando fluye
la ve con alegría...

El escritor C. S. Lewis tiene un libro autobiográfico llamado *Sor-prendido por la alegría*. La alegría es un momento, dice, de deseo infinito, de deslumbramiento, de percepción de Dios o de lo divino en el universo y de mi inserción en esa gloria. Luego pasa, desaparece. Entonces uno vuelve a esperarla. Pero hay que estar despierto, sensible, abierto.

La última finalidad de la educación, que no es la instrucción en matemáticas o botánica, es ayudar a los niños a crecer con los poros de cuerpo-alma abiertos al misterio, a la rara alegría. A la luz.

EMOCIONES, EMOCIONES

Saul Bellow, en su libro *Las memorias de Mosby,* tiene un relato, "El viejo sistema", en el que el protagonista, el doctor Braun, va recomponiendo la historia de su familia, padres, tíos, primos, inmigrantes que llegaron a Estados Unidos huyendo de las miserias y persecuciones que los judíos sufrían en Rusia.

Uno de los ejes centrales es la relación entre dos hermanos, Isaac y Tina, sus primos. Un odio infranqueable ligaba a esos hermanos. Isaac había comprado un terreno que luego le deparó pingües ganancias, y sobre ellas fue construyendo una gran fortuna. Tina no quiso participar en la compra de ese terreno, y quedó pobre. Y luego advino el odio, el resentimiento, sobre todo de parte de Tina hacia Isaac a tal punto que le prohibía que él la visitara. Para colmo Isaac era religioso, ortodoxo, y eso repugnaba —la religión sostenida por el dinero— profundamente a Tina.

Al final Tina está muy enferma, a punto de morir, y reclama del hermano, que estaba ansioso por visitarla, veinte mil dólares para dejarle a su hija, *post mortem*.

Un momento culminante del relato es la visita de Isaac a un gran rabino para consultarle sobre si debía o no darle ese dinero a su hermana. El rabino lo autoriza. Isaac se siente más aliviado. Es ese, decía, un párrafo terriblemente sarcástico acerca del

21

hombre, la plata, la conciencia religiosa, los escrúpulos y el amor a la hermana.

Isaac va a la casa de Tina y le lleva el dinero. Tina rechaza el dinero. Y, al contrario, es ella la que le da a él un anillo que había pertenecido a su madre. También este punto de conversión en el relato es relevante, pero por su patetismo. El amor de Tina, contenido, por su hermano, estalla ahora, y no sabe tomar, sólo sabe dar.

Volvemos al doctor Braun, relator de estas memorias, quien ante la cama mortuoria de Tina y los hechos mencionados se plantea las grandes preguntas de la vida.

¿Qué es la vida? Emociones. ¿Para qué sirven? ¿Qué objeto tienen? Y ya no las quería nadie. Quizá fuese mejor la mirada fría. Tanto en la vida como en la muerte. Pero desde luego el frío de la mirada ha de ser proporcional al calor que hay dentro. Más cuando la humanidad se atiene a su propia convicción de que a través de esas pasiones es cada vez más humana, empieza a explotar, a jugar, a trastornar sólo por el afán de provocar excitaciones, de armar jaleo, de crear un basto circo de sentimientos confundidos… Uno tras uno se iban perdiendo los seres queridos. Hasta que le tocaba a uno. Infancia, familia, amistad, amor, todo quedaba yerto en la tumba…

¿Por qué la vida, por qué la muerte? Y también, ¿por qué estas formas particulares, estos Isaacs y estas Tinas? Cuando el doctor Braun cerró los ojos vio, rojo sobre negro, algo como los procesos moleculares… la única verdadera heráldica del ser. "Y luego, en la cerrada oscuridad con que el breve día terminó, se acercó a la oscura ventana de la cocina para mirar las estrellas. Esas cosas salidas de un gran espasmo de procreación hace millones de años".

Así, textualmente, termina el cuento.

La pasión nuestra de todos los días, nuestras chiquitas vidas y pequeños momentos de amor, odio, angustia, desesperación, y la cosa grande, el cosmos, dentro del que estamos como está todo, en un movimiento de moléculas que se unen y se desligan, de puro ser, y sin razón de ser. Esto es lo que leemos desde la mirada de un científico, cuando juega a científico, porque cuando juega a hombre es él mismo un incendio de pasiones y emociones, eje del universo y negación de cualquier otra cosa que no sea su sentimiento.

La alocada información me trastorna

Internet me abruma, me enloquece. Navego delirando. La información me golpea de todos lados, me entra por ósmosis de ojos-pantalla, me fecunda, me inunda, sé de todo, desde el origen de la vacuna contra la gripe hasta las pizzerías de Buenos Aires que hacen pizza a la brasa.

Creo que estamos sabiendo demasiado. Y no sé si es bueno. Era bueno informarse, añares atrás, cuando se sabía entre poco y nada, y entonces uno buscaba el conocimiento y buscaba por cierto lo esencial y no cuántos gusanos entran en un frasco de gaseosa, holgadamente.

Hoy la información no vale por el contenido que brinda, sino simplemente porque informa. Uno aprieta teclas y es feliz. Pero después sale a la calle, se encuentra con la novia, o amigos, y no sabe qué tecla apretar para que la comunicación funcione.

> Es que la novia no tiene teclas. Ese es el problema. Con la máquina, rutinaria ella, nos manejamos mejor que con nuestros hijos. No tienen, los hijos, programas fijos, como las novias. Son un problema.

¿No le parece a usted paradójico que a mayor información haya también mayor incomunicación?

Es que la novia no tiene teclas. Ese es el problema. Con la máquina, rutinaria ella, nos manejamos mejor que con nuestros hijos. No tienen, los hijos, programas fijos, como las novias. Son un problema.

Porque sabemos mucho nos cuesta vivir. Exceso de información. Exceso de mundo de aparataje. Y no es cierto eso que nos decían en la infancia acerca de que el saber no ocupa lugar. Ocupa, ocupa. No lugar, pero llena el cerebro y a veces lo contamina, y en el mío, al menos, confieso públicamente, Aristóteles se siente bastante incómodo por la presencia constante de sexgate, las internas de los partidos políticos, y los aparatos esos para atender a las necesidades de los perritos, de los amos de los perritos, y de los que no somos ni perritos ni amos, pero tenemos necesidad de ir por la calle sin pisar necesidades ajenas.

Ocupa lugar, porque aparece, se instala, ahí está, junto al colesterol bueno y al colesterol malo, y obliga a pensar en lo que uno no querría pensar.

Y por eso no hacemos nada, o casi nada. Porque pensamos demasiado. Y pensamos demasiado por el exceso de información. Y después de la información viene el comentario, y los argentinos somos todos comentaristas por algún atavismo histórico.

Entonces no hacemos nada. Pensar es detener la acción. Hacer es tomar decisiones. Tanta información nos deja pensando, y paralíticos.

Porque vivir es tomar decisiones, optar. Y cuanto más sabes, más dudas, más vacilas, más miedos tienes. Esa es nuestra dificultad, el precio que pagamos por el sol del conocimiento que nos ilumina, pero nos deja a oscuras en cuanto a la decisión práctica, inmediata, aquí, ahora con esta mujer, con este niño, con ese vecino.

LA PERSONALIDAD INTEGRADA

Bruno Bettelheim, gran discípulo de Freud, y un hombre que vivió mucho más que otros hombres por haber estado en un campo de concentración, sugiere que la abundancia es, justamente, la que provoca problemas.

"El hombre que puede adquirir comida y bebidas buenas y que goza consumiéndolas, necesita un estómago mucho mejor que el individuo que debe conformarse con alimentos más sencillos. Del mismo modo, el ciudadano que disfruta de una economía de abundancia y gran libertad para vivir la vida, necesita una personalidad mucho mejor integrada, a fin de elegir bien y de limitarse inteligentemente, que el ciudadano que no necesita fuerza interior para controlarse, porque a su alrededor hay muy poco para gozar o de que abstenerse".

El equilibrio psíquico, por tanto, es mucho más requerido y la personalidad bien integrada en tiempos de libertad, en tiempos de abundancia, sea material, sea informativa. Entre tanto pensar uno no sabe qué hacer. Y la vida es hacer, tomar decisiones; el pensar viene antes, para marcar el camino, o después, para evaluar. En el centro está el hacer, el actuar, la conducta.

Nuestro rico mundo informático nos pone en el brete cartesiano de estar dudando, y de deslizarnos constantemente hacia la culpa. Si tomamos decisiones, después dudamos de ellas, y la culpa avanza.

"Esto no le sucedía al padre del pasado que... estaba convencido de que hacía bastante con alimentar y mantener al hijo; por lo demás se sentía tranquilo".

Tenía libreto, tenía tradición. Actuaba, y se sentía libre de

24

cualquier culpa. El hijo también se sentía desgajado de sus padres, de tal modo que continuaba su vida sin mirarlos demasiado, sin perseguirlos, sin analizarlos, sin querer charlar con ellos de sus problemas. Si lo querían, los quería. Si no lo querían, no había opción.

No acepto la versión esa de volver al pasado, de volver a la familia de antaño. No la acepto porque es una propuesta de falso idealismo. No se puede volver. Vivimos hoy y desde el hoy comemos, pensamos, sentimos. No podemos eludir esta circunstancia de motos que rugen de día y de noche y te desvelan, ni de hamburguesas obligatorias para los jóvenes o bailes que empiezan a las dos, no sé si de la noche o de la mañana. En eso estamos y no viene al caso llorar, patalear por lo que hay.

Viene, en cambio, al caso preguntarse qué puede uno hacer en un mundo así para preservar sus valores.

No tengo nada contra la información, por cierto. Pero me parece que seremos muy pobres si solamente adoramos Internet o el chateo o el nuevo modelo inframinúsculo de aparato celular telefónico. La religión, lo espiritual, la trascendencia, eso que no se ve pero que responde a las preguntas más profundas, han de tener también su lugar.

Vean que soy indulgente. No dije lugar preponderante; tan necio no soy. Pero sí dije lugar y dije también.

Decía un maestro de los sabios de antes:

"A veces el templo está tan lleno de gente que no le dejan lugar a Dios".

Para pensar, ¿no?

RELIGIÓN Y CULTURA

Durante miles de años fue la religión el apoyo de toda actividad humana. Todo partía de ella, de sus principios, de sus dogmas. La ética, la ciencia, la cosmovisión, la filosofía. Luego, al decaer, inclusive puede el hombre moderno creer o decir que cree en Dios, pero ya no vive en los principios de la religión sino de un mundo, como decía Weber, des-encantado. Para este hombre en todo caso Dios existe pero no gobierna, no incide en la programación de la vida. Es por eso, decía, que hay que pensar.

Sólo que lo que más aprendimos en este siglo es que esa separación entre ciencia y religión, entre saber y creer no es tan válida como pensábamos.

Vivimos, dicen los filósofos actuales —con Cassirer a la cabeza— en un mundo de símbolos. Entre nosotros y la llamada realidad se tiende un velo de ideas y de creencias, como decía Ortega y Gasset. Inclusive la razón requiere de fe, de creer que la verdad es un bien y que el único camino que conduce a ella es el de la mente lógica.

La tesis central de este libro sería:

La religión es una parte de la cultura, de ese mundo de símbolos, que debemos conocer y dominar. Así como no hay derecho a criar hijos ignorantes en matemáticas o en gramática o en ciencias naturales, tampoco lo hay para cercenarles la posibilidad de conocer ese sector de la cultura, tan vasto, tan lleno de significados que es la religión.

> La religión es una parte de la cultura, de ese mundo de símbolos, que debemos conocer y dominar. Así como no hay derecho a criar hijos ignorantes en matemáticas o en gramática o en ciencias naturales, tampoco lo hay para cercenarles la posibilidad de conocer ese sector de la cultura, tan vasto, tan lleno de significados que es la religión.

Yo no predico la fe. Predico, sí, la pedagogía, la enseñanza, el conocimiento.

Y también predico, si se me permite, la autenticidad: el niño no crece en el vacío sino dentro de un modelo familiar. Ese modelo debe ofrecerle, en forma natural, y sin violaciones de conciencia, sus principios, sus creencias. Para que sepa y pueda elegir y no caiga en fanatismos, más extremistas que la religión misma.

El conocimiento de la religión es la mejor valla contra ese oleaje de fetichismos, ocultismos, de sectas, de líderes autoritarios que a tanta gente están dominando, apresando sus mentes, imbecilizando sus corazones.

PARA ALEJARSE DEL FETICHISMO

La religión no te regala remedios para tus males, para que el novio te quiera, para que el trabajo te rinda más plata o para que a tu mujer le salgan bien los ravioles, como en esos antros sectaristas suele divulgarse.

La verdadera esencia religiosa es exigencia de crecimiento. No regala, repito, sino que reclama esfuerzos, estudios, conductas de bien, conocimientos. Sí, conocimientos.

¿Pero cómo —dirá usted—, no se trata acaso de transmitir una fe?

No, no se trata de eso, porque no sé cómo se puede transmitir una fe. Se pueden transmitir ideas, no sentimientos. La fe es del orden de los sentimientos, de las emociones, de aquello que le pasa a uno por dentro cuando siente la presencia de Dios.

En cambio podemos transmitir conocimientos acerca de los rituales, las maneras, los credos que hay en la religión. Para que a tu hijo no lo capte, insisto, precisamente gente disfrazada de religiosa, y en nombre de Dios o de citas de las escrituras falseadas, lo conduzcan por caminos de crueldad, o de perversión o de entrega del alma al diablo enmascarado con la imagen de Dios. Este es el punto: proteger a nuestros hijos en este mundo tan vasto, tan globalizado,

El niño no crece en el vacío sino dentro de un modelo familiar. Ese modelo debe ofrecerle, en forma natural, y sin violaciones de conciencia, sus principios, sus creencias. Para que sepa y pueda elegir y no caiga en fanatismos, más extremistas que la religión misma.

tan cambalache, para bien y para mal; protegerlos de falsos mensajes mesiánicos; entregarles un bagaje de conocimiento o de guías en el camino para que se orienten y no se pierdan.

No es mi deseo reclutar más gente para el bando religioso. No me interesan los bandos ni quiero que mis hijos pertenezcan a bandos. Pero cuando celebramos las fiestas, cuando nos reunimos, desde que nacieron, lo poco que les transmito lo discutimos, para que sepan en qué consiste la religión auténtica y cómo eso puede ser desfigurado por sacerdotes ignorantes.

CAPÍTULO II

LA RELIGIÓN DE LA VIDA

La historia del hijo que se fue y volvió

Un hombre tenía dos hijos. El hijo menor le pidió al padre que le diera su parte de la herencia.

—¿Para qué la quieres ahora?

—Quiero viajar por el mundo, conocerlo, disfrutarlo —respondió el hijo.

—Mejor sería trabajar ahora, y pasear luego, cuando seas mayor.

—Deseo sumergirme en la vida ahora, no más tarde —replicó el muchacho.

El padre vio que no tenía salida, y le dio lo suyo.

El hijo, llamado pródigo, porque supo prodigar y regalar y ofrendar todos los bienes obtenidos de su padre en múltiples aventuras, tabernas, orgías, mujeres, vino y baile, ese hijo se perdió de vista de su familia y ahí anduvo paladeando el néctar de las aventuras.

Su hermano, en casa, trabajaba a la par de su padre. Un modelo de hijo, disciplinado, ético, formal, de buenas maneras y encantadora sonrisa.

Un día el hijo pródigo, el disipado, se cansó de vivir en la miseria. En efecto, había despilfarrado todo el dinero, y ahora estaba harapiento, hambriento, cuidando cerdos para subsistir.

Se fatigó. Tomó conciencia de que todo ese placer obtenido no le había causado placer sino mal y sufrimiento. Se arrepintió.

—Volveré a casa —se dijo.

Y lo hizo. Regresó. Abrazó a su padre, lloró sobre su hombro, y le manifestó lo que sentía, la culpa, el miedo, el mal, el dolor de haberse desterrado por caminos equivocados.

El padre lo recibió con sumo amor y ternura, lo sentó a su mesa, y le prodigó —pródigo también él, el padre— sus mejores emociones para que se recuperara y volviera a la vida en familia, en afecto, en valores.

El que se puso mal fue el hermano. Estaba de lo más celoso:

—¿Él se fue, despilfarró todo su dinero, abandonó el trabajo, te abandonó a ti, y ahora vuelve y lo recibes como al hijo más querido? ¿Esa es tu justicia, padre?

Respondió el padre:

—A ti siempre te he tenido a mi lado, tú eres carne de mi carne, contigo cuento siempre. Pero a él lo había perdido. Estaba muerto para mí. Ahora regresa a la vida. ¿Cómo no he de alegrarme, y de agasajarlo y de recibirlo como a un precioso huésped, un regalo del cielo?

PARÁBOLA DE LA VIDA COTIDIANA

Esa historia figura en Lucas 15. Ahí, narrada por Jesús, es una parábola del hombre y su alma frente a Dios.

Para nosotros es una parábola de la vida cotidiana, del ganarse y del perderse, del *curriculum vitae* de cada cual que nunca está concluso, que siempre puede rehacerse, para el lado del color rojo o del color verde, rojo sangre o verde esperanza, en términos de folclore.

Nada sabes de nadie, ni de ti mismo. De ahí la tarea de Sísifo, de subir todos los días a la cima de la montaña. La cima de la montaña nunca se alcanza, pero en el trabajo está la gloria, en el subir mismo.

Decían los talmudistas: Cuando un hombre parte a un largo viaje en barco la gente, los parientes, los amigos, van al puerto a despedirlo. El barco se aleja y ellos sacuden pañuelos y lloran. ¿Por qué lloran? Porque no saben qué sucederá en el camino. Tantos accidentes puede sufrir un barco hasta arribar a destino.

En cambio cuando el barco alcanza la costa definitiva de su rumbo, ahí esperan al hombre amigos, parientes, gente conocida que grita, ríe, sonríe, satisfechos, contentos. ¿Por qué? Porque ha llegado, sano y salvo.

Así —explicaron los sabios maestros— es la vida. Una travesía en la que hay que estar constantemente despierto, pensando, zozobrando, esperando, luchando, amando, perdiendo. Ignorando siempre, por el movimiento mismo de las aguas, del tiempo, del uno mismo y del otro mismo.

Sólo cuando la vida concluye se sabe qué fue el hombre, porque está terminado su período de existencia, y sólo entonces merece una calificación definitiva.

Mientras vive, todo es pasajero, transitorio. Por eso amor es pre-ocupación, y pensamiento.

CREER ES PRACTICAR UNA CONDUCTA

La religión es uno de los grandes datos de la cultura.

No digo que haya que imponerla. Digo tan sólo que hay que vivir la vida confiando en eso que tenemos dentro, el alma, el espíritu, nuestras creencias, nuestras esperanzas, y ese mensaje debe ser entregado sin vacilaciones. Ese es nuestro aporte educativo. El resto lo hará el tiempo, la cultura, la elección de la libertad.

Tenemos que confiar en nuestros hijos, en su inteligencia y en su capacidad de elegir, siempre y cuando les proporcionemos elementos para elegir. Hablo del conocimiento de la religión. Aun si somos ateos —cosa que respeto profundamente— es deber nuestro conocer el mundo de las religiones y procurar ese conocimiento a nuestros hijos.

> Tenemos que confiar en nuestros hijos, en su inteligencia y en su capacidad de elegir, siempre y cuando les proporcionemos elementos para elegir.

Si practicamos una religión, la práctica ha de envolverlo como todo lo que hacemos en nuestra existencia, en forma natural, en la mesa, en la liturgia, en el templo, sin temor. Ya les dije, son inteligentes, son pensantes, cuando quieran se rebelarán.

EL MIEDO A LOS HIJOS

El miedo a los hijos. El miedo a poblar sus almas con elementos que puedan hacerles daño. Y sin embargo, queridos padres, para eso estamos y no podemos ni debemos eludir esa misión. Antes de que pueda pensar y tomar decisiones por sí mismo, el ser humano necesita ser modelado con contenidos que enriquezcan su interior y le ofrezcan material para elaborar.

Para pensar hay que tener con qué pensar y qué pensar. Todos los grandes del pensamiento primero fueron educados, y luego —como Nietzsche— sacudieron de sus espaldas lo que habían recibido y se lanzaron a la revolución de su propio pensamiento.

Sin cultura, sin educación, sin contenidos, no podrá haber revolución alguna de la autenticidad.

Sólo el que sepa nadar podrá nadar contra la corriente.

* * *

¿Por qué ese miedo a los hijos?

Temer ha de temer el que está desnudo, el que no tiene qué dar, el que no da salvo golpecitos en el hombro bajo el rubro de:

—Hacé lo que mejor te parezca...

El hijo hará siempre lo que mejor les parece a otros en la calle, entre los amigos, o en los programas de televisión que a toda costa quieren venderle una vida barata con zapatillas caras. Eso no es educación ni es libertad, insisto. Es nada, es vacío, y luego es tristeza y, lejos de conquistar el amor de tu hijo o su simpatía, lograrás que más adelante te reproche:

—Padre, madre, ¿por qué nunca tuve límites? ¿Por qué no me obligaron a aprender, a estudiar, a tener una disciplina en la vida? ¿Por qué nunca me hablaron de Dios o de temas religiosos, de cuestiones del alma? En cambio se dedicaron mucho a mi educación sexual, pero de amor, ahora, no sé nada...

LA RELIGIÓN COMO VIDA

Una cosa es la piedra que existe, el colibrí que existe, y los prehomínidos que existieron.

Una es la existencia. Otra es la vida.

El Dios-de-la idea, ese de quien se puede hablar, discutir, confirmar o refutar su existencia, está fuera de la vida, de mi vida. Hablo de cine, y también hablo de Dios. Es un tema, pero no es sangre de mi vida.

Religión es vida. Una manera de vivir. Eso es creer. Una manera de con-vivir, de casarse, de tener hijos, de educarlos, de comportarse, de celebrar.

Sobre todo es eso, una trama de ceremonias, actos, rituales, comidas, fiestas, tristezas que compartimos juntos porque juntos creemos en eso, aunque fuésemos ignorantes y desconociéramos el significado de eso.

Muchos judíos, en todo el mundo, ayunan en el Día del Perdón, lloran en ciertas oraciones, se arrodillan en determinados párrafos en la sinagoga sin saber por qué lo hacen. Lo hacen por fe. La fe es lo que se comparte con otros en formas de vida. Creen que eso es creer, que eso ordena el creer.

Lo mismo vale para los católicos cuando están ante el altar y toman la hostia, que es, según la teología, el cuerpo de Cristo y el vino, su sangre. Algunos excelsos intelectuales católicos han explicado este misterio, pero la masa está lejos de entender, ni lo pretende. Su fe se manifiesta de esa manera. Pero es fe de un grupo humano en una iglesia, del latín *ecclesia*, que significa comunidad, reunión de gente. Al igual que sinagoga, en griego, es traducción de *bet keneset* en hebreo, que significa casa de reunión. Mezquita es el lugar donde uno se arrodilla junto con otros. Fíjese el lector como en las tres religiones monoteístas la casa esa de la santidad, no se llama casa de Dios, sino que alude al hombre.

La religión compendia el quehacer de un grupo humano, y ese, creo yo, es su valor primordial. También se puede rezar a solas, claro está, o ayunar cuando a uno se le antoje. Pero la frase salmística dice que "Dios esta dentro de la comunidad". Donde están los hombres unidos, ligados, religados, ahí se hace presente.

EDUCACIÓN ÉTICA DEL HOMBRE

El filósofo piensa. El religioso actúa, se comporta. El filósofo piensa a solas, el religioso es hombre de fe con otros, y ese ser con otros refuerza su fe y le da sentido a su vida mientras lo rescata de su soledad.

En consecuencia, si alguien quiere educar en la religión a sus hijos, más vale que no se la invente ni la confunda con ideas o conceptos.

Religión es tradición. Es de padres a hijos. Modo de ser, conducta, ceremonia, comportamiento. No obsta que la persona sin crianza o tradición religiosa quiera empezar una vida en que la religión cuenta y elija una. Entonces vale el mismo principio antes esbozado: lo que tiene que hacer es hacer.

Si quiere ser cristiano, tiene que HACER lo que hacen los cristianos en los distintos momentos del almanaque litúrgico y practicar esas ceremonias e ir a la iglesia, y encontrarse con sus congéneres de fe, y de esa manera religarse y religar a sus hijos con un mundo que tiene sus colores, sus olores, sus creencias, sus comportamientos. Por ahí se empieza, y no explicando nada. El modelo de la acción educa. No ideas. No preguntas. No abstracciones. Fundamentos.

No me opongo por cierto —y bien que lo practico— a la discusión de conceptos con los hijos cuando ellos ya están maduros y aquellos fundamentos están cimentados. Pero el camino es de la

35

costumbre, la ceremonia, el canto, el conocimiento de textos, el uso de liturgias hacia la comprensión intelectual.

Los antiguos cristianos, filósofos, como San Anselmo de Canterbury decían: *Fides quarens intellectum*. La fe que busca la razón. Si hay fe, luego tiene sentido buscar la razón si no la hay, el razonar solo a ningún puerto conducirá.

LA FE ES UNA PRÁCTICA, O NO ES

Los viernes por la noche nos reunimos toda la familia, decimos oraciones especiales (previamente estuvimos en la sinagoga, donde rezamos) y comemos dentro de un ritual que implica alimentos específicos y cantos específicos. Esto es practicar la fe.

> La fe es una práctica en común, y como tal re-liga a la gente a una raíz común, a una esperanza común, a una relación recíproca. Ayuda a vivir.

La fe es una práctica en común, y como tal re-liga a la gente a una raíz común, a una esperanza común, a una relación recíproca. Ayuda a vivir.

Si la fe no conduce a una acción hacia afuera, hacia los demás, para compartir valores que puedan modificar el mundo en función del bien, dentro del marco de rituales comunitarios que trazan una pertenencia, esa fe probablemente no sea fe sino mero autoengaño, palabra vacía.

El profeta Miqueas dice:

"¿Qué pretende Dios de ti? ¿Acaso que le hagas sacrificios caros y ofrendas maravillosas? No; pretende que hagas el bien y te comportes con humildad".

La religión es educación en la ética. Si Dios existe no necesita de ti; te necesita a ti. A ti convertido en un NOSOTROS. En particular en estos tiempos de soledad lograda a costa de individualismo, racionalismo, economicismo y eficiencia como valores supremos.

En la religión, la reparación del mal de la soledad se denomina "retorno". He aquí una historia de retorno.

"LOS HERMANOS SEAN UNIDOS..."

Estamos aludiendo a la historia de Caín y Abel, dos hermanos.

Es la historia del sufrimiento. Está dado en los nombres de los personajes, dos hijos. La mamá se llama Eva. El papá se llamaba Adán, pero no aparece en el relato. Si no aparece es porque no cuenta. Y ya verán por qué no cuenta.

Sucede que Eva dio a luz un hijo y lo llamo Caín. Entendía Eva que ese recién nacido era totalmente de ella, su propiedad, su adquisición. Por eso lo llamo Caín, que en hebreo significa lo antedicho, propiedad, adquisición.

Así dijo Eva: "Adquirí un hijo de Dios".

Eva tiene suficiente cultura sexual para saber que los hijos no caen del cielo ni los fabrica Dios. Su frase no alude pues a una ingenuidad maternal. Sabe que tuvo relaciones sexuales con Adán y que ahí está la causalidad física para la existencia de esta criatura que ahora tiene en sus brazos.

Cuando dice "adquirí un hijo de Dios" está aludiendo a la condición metafísica de esta situación.

Los hijos provienen de los maridos y de la conjunción coyuntural de espermatozoides y óvulos, pero el hecho físico a su vez toma sentido dentro de una estructura mayor que es el milagro de esas conjunciones que podrían darse o no, que podrían ser este chico u otro, que eso denominado azar maneja con parsimoniosa indiferencia.

Eva dice que le agradece a Dios. El marido no cuenta. Ya nació el hijo, ya está, y Dios existe. Eso expresa Eva y de esa manera manifiesta su intuición de lo desconocido, de lo divino a lo que hay que respetar si uno quiere ser persona respetable.

Eva cree en Dios y a su hijo le pone el nombre Caín, que significa adquisición, para afirmar dos cosas:

1) el hijo es de ella, su propiedad, su adquisición;

2) también Dios, de algún modo, es de ella, cuenta en la vida de ella, y ella cuenta con él, y le rinde la debida pleitesía de gratitud, como corresponde.

En fin, es un mundo "religiosamente" ordenado. El hijo recibe ese legado dentro de su nombre. Vive en un mundo ordenado donde cada cual tiene lo suyo. En calidad de primogénito le corresponde dirigir el culto religioso.

EL HIJO OTRO

El otro hijo es el hijo otro, ajeno, nacido como por su propio gusto, intruso en la planificación de Eva. Por eso lo llama Abel, que significa, en hebreo antiguo, viento, aire, es decir algo insustancial y sin valor especial.

En el mundo organizado el que vale es el primero, el segundo es también hijo, pero en la jerarquía familiar no le corresponde puesto alguno.

Él no debe rendir culto a Dios. Puede hacerlo si quiere, pero nadie se lo pide, nadie lo espera de él, y a nadie le importa. Caín es el encargado de Dios.

Entonces Caín, el día que corresponde, a la hora que corresponde, hace lo que corresponde para honrar a Dios. Hace una ofrenda religiosa de los frutos de la tierra.

Por ahí andaba Abel, que era pastor, y parece que por cuenta propia, por iniciativa sumamente personal, se le antojó a su manera honrar a Dios y lo hizo con lo que tenía a mano, y lo que tenía a mano era un corderito precioso, gordo, lindo. Y Abel se lo ofreció a Dios.

No sabemos si Caín se enteró de lo hecho por su hermano. Sí sabemos que se enteró de que Dios no había aceptado su ofrenda, y que sí había aceptado la ofrenda de su hermano menor, el que no debía ofrendar nada, de aquel de quien no se esperaba ofrenda alguna.

Se enteró de las consecuencias. Eso lo trastornó severamente. Ahí aparece el sufrimiento y se abate sobre él y lo engulle.

Caín sufre. Nadie jamás sufrió como Caín, hay que saberlo.

EL DIÁLOGO FRUSTRADO

Caín no es un vulgar criminal, tal como se lo viene presentando, que por envidia mata a su hermano. Es verdad esa versión, pero no debe ser enfocada tan superficialmente.

Primero hay que contemplar el sufrido semblante de Caín. Dios inclusive parece apiadarse de su dolor:

—¿Por que estás tan abatido? —le pregunta.

Caín no responde. Ni siquiera puede rebelarse. Lo sucedido rebasa tanto las fronteras de la lógica, del entendimiento, que no puede pronunciar palabra. Uno puede alegar, protestar, rebelarse cuando los acontecimientos guardan cierta coherencia. Contra el total absurdo, ¿cómo reaccionar? Con el silencio del dolor encendido en las entrañas.

¿Por qué tanto dolor interior? Por la frustración, por el engaño, por un mundo matemático repentinamente derribado, hundido, por el total trueque de los valores.

La DECEPCIÓN irrumpe y destruye.

Nada es como debía haber sido. Se pierde todo lo poseído. En este caso no se trata de posesiones materiales, sino de lo único que causa verdadero sufrimiento, las posesiones afectivas.

El afecto, todo el amor de la madre que le dijo que era adquisición de Dios, que Dios lo quería especialmente a él. El amor de mamá, el amor de Dios.

No hay amor para Caín.

Eso le enseña Dios.

LA LECCIÓN DE DIOS

Caín, como todo buen "religioso" profesional armado en corazas de rutinas establecidas con toda cortesía y rigor, sabía qué era Dios, cómo funcionaba, a qué hora recibía plegarias y a qué hora aceptaba confesiones, y cuándo merecía captar ofrendas, y cómo debía bendecir a todos los buenos religiosos organizados y virtuosos.

Dios produce en ese relato la revolución antirreligiosa, antiinstitucional, antirrutinaria de los sacerdotes que guardan saber sumamente pormenorizado acerca de lo divino y sus caminos.

Claro que en Isaías está escrito "porque no son mis caminos como vuestros caminos", pero la gente no tiene tiempo para leer Isaías, y prefiere quedarse con los cuentos de su autismo primitivo y desde ahí manejar a los hijos que los conectan con Dios.

Entonces produce Dios la revolución anticaínica, antiadquisidora, antipropietaria de Dios y de nada. No es que fuera anarquista ni marxista, no; simplemente era Dios, rebelde a contextos políticos y organizadores de la cosa religiosa.

Nada sabes, nada puedes esperar, salvo esperar sin pretender nada. Nada tienes, nada es posesión, y todas tus programaciones valen para ti mismo, pero no puedes apresar en ellas el misterio, lo divino, la eternidad, el infinito; has de resignarte a contemplar los acontecimientos, y a esperar lo inesperado; que eso es Dios, acontecimiento inesperado de lo inesperado.

Nada sabes, nada puedes esperar, salvo esperar sin pretender nada. Nada tienes, nada es posesión, y todas tus programaciones valen para ti mismo, pero no puedes apresar en ellas el misterio, lo divino, la eternidad, el infinito; has de resignarte a contemplar los acontecimientos, y a esperar lo inesperado; que eso es Dios, acontecimiento inesperado de lo inesperado. Eso es el milagro, y bien dijo Eva cuando dijo que el hijo era de Dios, pero mal dijo cuando dijo "adquirí", cuando transformó un suceso único e irrepetible en posesión, en cosa, en propiedad, en capital depositado en la cuenta definitiva de los logros de la vida.

Eva se equivocó cuando le transmitió todo ese falso saber a su hijo porque todo saber, en cuanto se vuelve constitutivo de márgenes fosilizados, se vuelve falso saber.

Dios es precisamente la presencia que de tiempo en tiempo anula los saberes constituidos para dar lugar a la maravilla, que es lo imposible de ser pre-meditado.

LA GRAN DECEPCIÓN

Caín por tanto sufre. La decepción es brutal.

Era el centro del mundo, a través de él, Dios se comunicaba con el mundo, tal día a tal hora y de tal manera. Se derrumba el mundo. Pura pérdida. Pura decepción. Puro sufrimiento. Puro des-amor.

Pero todo esto, obviamente, no sucedería si no existiera Abel.

Abel es feliz. Dios se pasó del bando de Caín al bando de Abel. Abel es bendecido. No sabemos cómo, por qué, de qué manera. Caín sabe. A Caín le falta lo que Abel tiene. Porque Caín debía aprender de la nueva situación. Pero no es fácil, no está capacitado. No aprende, no se resigna. Su mundo sigue siendo el de tener. No conoce otra manera de ser, de vivir, de disfrutar.

El que ahora *tiene* es Abel. Y tampoco se fijen demasiado en el hecho de que sea su hermano. Podría ser su vecino, el de la otra calle. Sólo que al ser su hermano simplemente está más cerca, lo ve mejor, y por cierto se sufre más, mucho más. La envidia es la causa del sufrimiento. A solas, si Caín estuviera solo en el mundo, él y su mamá, sin otra gente en la periferia, sufriría, pero no tanto.

Sufro porque eres testigo de mi desgracia. La desgracia me la causas tú. Porque tú no sufres, por eso sufro. Porque no has perdido, lo mío se transforma en irreparable pérdida.

Eso entiende Caín, que debe suprimir al motivo de su sufrimiento. A Dios no puede suprimirlo, entonces decide suprimir a su competencia, al otro que no sufre y que por eso lo hace sufrir. Abel.

Pero es en vano querer suprimirlo, porque el otro, aunque no se lo vea, seguirá siendo, estando, porque figura internalizado en mí, aunque me llame Robinson Crusoe.

Yo soy en el espejo del otro. De ahí mi gozo, de ahí mi sufrimiento.

EL MENSAJE: AMOR

Otrora la educación religiosa era objetada en nombre de ideales del racionalismo y del iluminismo. Se suponía entonces que el hombre, si piensa, lo hace con su propio cerebro, y por tanto no hay que imprimir en él ideas religiosas, dogmáticas.

Fueron tiempos bien descritos por José Bianco en su relato "Sombras suele vestir", tiempos en que la gente discutía el tema religioso, a mediados de siglo XIX y a comienzos del XX. Bernardo —protagonista del cuento de marras—, en un salón del Jardín Zoológico de Berlín, asistió a una reunión en la que "los profesores laicos, los rabinos, los pastores licenciados y los teólogos oficiales se arrancaban la palabra en el gran salón de actos: discutían sobre cristianismo, evolucionismo, monismo... ¿Había o no existido Jesús?". En efecto, la *Biblia* y sus protagonistas eran puestos en duda como palabra divina, y se disolvían en historia y arqueología.

Al salir de la reunión, el padre le dice a Bernardo:

"¡Qué noche! Y luego se habla de la moderna apatía religiosa. El estudio de la *Biblia*, la crítica de los textos sagrados y la teología no es nunca inútil, querido Bernardo. Recuérdalo bien. Hasta si nos hace pensar que Cristo no ha existido como personalidad puramente histórica. Hoy lo hemos hecho vivir en cada uno de nosotros. Con ayuda de su espíritu se ha transformado el mundo, con ayuda de su espíritu lograremos transformarlo aún, crear una tierra nueva. Discusiones como las de hoy no pueden sino enriquecernos".

Creo que este párrafo citado es memorable. No importa, dice, si existió Jesús, si existió Moisés, tal cual narran las escrituras, lo que importa es el mensaje que de ahí proviene. La verdad reside en la actuación de los hombres y no en la facticidad histórica. ¿Qué importa si fue o no Shakespeare el que escribió las obras de Shakespeare? Ninguna respuesta, ni a favor ni en contra, podrá eliminar las obras llamadas de Shakespeare y su genialidad. Lo mismo da. De esas obras emana el espíritu. Lo mismo pasa con las religiones, tienen un mensaje y eso vale, y debe ser confrontado y pensado y criticado. El resto es historia de la religión, psicología de la religión o sociología de la religión.

Lo religioso en sí, como búsqueda de un humanismo superior, de bien y de armonía, algo que supera los males y las desgracias cotidianas, anida en cada ser humano. Cada religión responde con otro lenguaje y otras tradiciones y costumbres.

El mensaje es uno solo: amor. Como exigencia, como trabajo, como esfuerzo, como finalidad.

> Lo religioso en sí, como búsqueda de bien y de armonía, anida en cada ser humano. Cada religión responde con otro lenguaje y otras tradiciones y costumbres.
> El mensaje es uno solo: amor.

CAPÍTULO III

RITUALES Y COSTUMBRES

La belleza que paraliza

Nada más educativo que la fábula, el relato. Jesús, por eso, hablaba en parábolas. Para dar que pensar. Pero mejor detengo aquí mis lucubraciones. Más vale que les cuente este cuento del argentino Marco Denevi:

"El erizo era feo y lo sabía. Por eso vivía en sitios apartados, en matorrales sombríos, sin hablar con nadie, siempre solitario taciturno, siempre triste, él que en realidad tenía un carácter alegre y gustaba de la compañía de los demás".

Una vez alguien lo encontró y se dedicó a embellecerlo, y lo adornó con perlas, uvas de cristal, piedras preciosas, lentejuelas, y lo decoró todo con diversos elementos, plumas, botones. Todos vinieron a mirarlo, a admirarlo, porque era un espectáculo muy hermoso.

"El erizo —cuenta Denevi— escuchaba las voces, las exclamaciones, los aplausos y lloraba de felicidad. Pero no se atrevía a moverse por temor de que se le desprendiera aquel ropaje miliunanochesco. Así permaneció durante todo el verano. Cuando llegaron los primeros fríos había muerto de hambre y de sed, pero seguía hermoso".

Querido lector, en tus manos encomiendo este relato. Los cuentos no tienen un significado. Cuentos son. Pero evocan significados, problemas, reflexiones. Conflictos de esos que nunca se resuelven porque aparecen y reaparecen constantemente. Y que exigen filosofar.

Siéntate con tu esposa, con tu amigo, o en casa, en familia, y lean en voz alta el relato, y que cada uno exprese su opinión, sobre todo los más jovencitos.

Pensar, créanme, muy de tanto en tanto, no hace mal.

Todo tiempo pasado ha pasado

En el pasado no había que pensar. Los marcos autoritarios de la ciudad colocaban cada cosa, cada persona en su lugar y establecían qué ha de hacer cada cuál en su puesto. En la oficina, en el hogar, como esposa o como hijo, en la calle, en la fiesta. Las conductas estaban reglamentadas para las diversas ocasiones.

Luego vino la libertad, y ese mundo se desmoronó. Había, entonces, que pensar. ¿Qué hago? ¿Cuál es mi puesto? ¿Cómo debo comportarme?

Luego apareció la sociedad de masas y sobre ella los medios de comunicación globalizadores, cuyo único afán es vender, y ello a través de la gran diosa, la publicidad. La cultura es publicidad, aun en tiempos remotos cuando el término publicidad no existía, y en cambio se hablaba de propaganda.

Ahora bien: déjenme que les cuente que esa palabra —propaganda— es de origen latino y viene de la expresión *propaganda fide*, es decir, fe que debe ser propagada. Digamos pues que la primera gran propaganda fue de la fe, de las ideas, de las creencias, a través de rituales, templos, catedrales, cánticos, himnos, todos elementos que impresionan al hombre y pretenden imponerle un mensaje.

En consecuencia y resumiendo: nuestro mundo está compuesto de palabras. Las palabras son parte de un mensaje que ordena usar corbata o zapatillas, comer sin grasa o beber gaseosa porque eso trae alegría, como viajar a Cancún o Tenerife para alcanzar la felicidad. Mundo de publicidad, de propaganda.

> Nos cuesta deslindar qué hacemos por libre elección y qué mensajes viajan en la sangre gracias a la penetración del masaje publicitario.

Nos cuesta deslindar qué hacemos por libre elección y qué mensajes viajan en la sangre gracias a la penetración del masaje publicitario.

Los dioses de la publicidad

Estaba yo en una muestra publicitaria, y fui invitado a tomar la palabra para hablar de la globalización y de la publicidad en nuestro tiempo.

46

Entre otras cosas, dije que los mensajes publicitarios venden, junto con el producto, otros valores adjuntos que también, indirectamente, se publicitan.

Para hablar de cosas alegres, fíjese usted en la publicidad relativa a ropa interior femenina. Primero me encandila, por motivos sociológicos, claro está... Siempre que voy con Jaia paseando por la Avenida Santa Fe la hago detener ante las vidrieras que promueven estos artículos.

—¿Por qué te interesa tanto? —pregunta Jaia, por curiosidad, y con cierto asombro de que un filósofo se ocupe de esas nimiedades.

—Es que... pensaba que a lo mejor a vos te gustaría comprarte algo...

Me mira primero con furia, después con cierto aire de quien le habla a un infradotado, finalmente con indulgencia.

—¿A vos te parece que a mí me quedaría bien? —pregunta irónica.

Yo, payaso, le respondo:

—¡Te quedaría genial!

—No te hagas el oso —replica, algo fatigada con la parodia—, no te das cuenta de que es ropa para anoréxicas, para chicas o señoras de cincuenta kilos, en fin, para flacas no más...

Yo bajo la cabeza, humillado. No, no me había dado cuenta.

Ahí aprendí que venden ropa, sí, pero también el valor de la flacura, y por tanto te ordenan qué comer, qué gimnasia hacer y cómo mantenerte joven. Son muchos valores, insisto, que se adjuntan y se adhieren a los artículos, y se venden juntos con ellos.

Somos lo que nos hacen ser. Somos, también, eso que elegimos entre tantas palabras y mensajes que nos envuelven. Cuanto más elegimos por un lado y desechamos por otro, tanto más somos auténticos y no robots o autómatas.

Eso es libertad. Sólo que podremos ser tanto más libres cuanto más sepamos, cuanto más nos eduquemos en corrientes de pensamiento, en ideologías, en tendencias.

NO COMPRE TODO LO QUE LE VENDEN

Retomo aquella conferencia mía.

Salimos del salón, con los amigos, y fuimos recorriendo la exposición. Y he ahí el stand de una de las más famosas gaseosas de la historia universal. Coca Cola, claro. Contenía, ese stand, un antiguo camión repartidor y fotos en las paredes de antiguas publicidades. Para mi asombro, lo mío no era un delirio. Ya había sido practicado: en uno de los cuadros se ve la imagen de un muchachito, sentado sobre un peñón, con un perro dormitando a su lado mientras su dueño espera paciente con una caña de pescar en la mano.

Esa gaseosa, en otros tiempos, vendía otros valores, los del reposo, los de la vida campestre, los de la ensoñación, los del silencio.

Todo puede ser. Todo es humano. Que nadie diga, como suele oírse, "esto es lo que le gusta a la gente". Sí, por supuesto, si usted horada el cerebro de la gente con un gusto, terminará convenciéndola. Nadie nació con genes a favor de la hamburguesa. ¿Cómo fue que se impuso tanto, tanto que algunos individuos si no la consiguen son capaces de desfallecer? La propaganda, la repetición, la publicidad. Lavado de cerebro.

No, que nadie diga qué es lo que más nos gusta. Nos gusta aquello que se nos enseñó a degustar. Alguien criado en poesía no podría prescindir de ella jamás.

> Una buena educación ha de atender a todos los requerimientos del cuerpo y el alma. Yo no vendo religión, pero sí hago propaganda del alma necesitada de religión.

Lo que digo es que una buena educación ha de atender a todos los requerimientos del cuerpo y el alma. Sólo que en este libro hacemos hincapié en aquellos elementos que fueron abandonados por la sociedad contemporánea, y que ya deben ser rescatados: los del espíritu, los de la fe, los del hombre interior.

Yo no vendo religión, pero sí hago propaganda del alma necesitada de religión.

EL MAHARAJÁ QUE SE QUEDÓ POBRE

Hay un relato de Marcel Schwob llamado "Corazón doble". En esa narración nos retrotraemos a tiempos de reyes, cortes y bufones. La historia es como sigue.

El bufón le preguntó a su amo qué sentido tenía la vida. El amo, el maharajá, le dijo que la vida era un don de los dioses, y que no debemos entrar en valoraciones, sino que cada uno debe aceptar lo suyo y procurar hacer el bien.

El bufón siguió preguntando por los desamparados del mundo, si aquello también era vida y podían hacer el bien.

El maharajá respondió que todos podían hacer el bien. Él mismo era un símbolo de la caridad, y era generoso con todo el mundo. Es cierto que poseía riquezas innumerables, oro, diamantes, lujos, y recibía regalos caros de todas las regiones.

No obstante el interrogatorio del bufón lo sumió en hondas meditaciones, preocupaciones acerca de los labradores, los pobres, los despojados de bienes y cobijo. "Se le ocurrió que tal vez la verdadera piedad no consistía en hacer el bien cuando se es poderoso, sino en poder hacerlo, siendo insignificante".

Con esta nueva revelación convocó a sus príncipes, les explicó su determinación de renunciar a sus realezas, grandezas, privilegios y tesoros. Entre ellos repartió oro y plata, y las derramó en la plaza pública, como así también los suntuosos manuscritos de sus bibliotecas. Repudió a la Rani, su esposa, y la hizo volver, con su hijo, al país de donde provenía. No quería tener nada.

"Cuando todos los príncipes, su mujer, su hijo y sus servidores hubieron partido, se afeitó la cabeza, se despojó de sus ropas, se envolvió el cuerpo en una pieza de burda tela, y prendió fuego a su palacio con una antorcha".

Así fue como el hombre aquel, que tan poderoso había sido, ahora despojado de todo bien partió a caminar por los desiertos, los campos, los caminos. Las sandalias perdidas, iba descalzo y sus pies se llagaban progresivamente.

Reflexionó y pensó qué otro bien había en la vida. Así fue como alcanzó a vislumbrar que uno de los poderes mayores es la libertad. Nadie es pobre si dispone de libertad. Entonces fue cuando decidió venderse como esclavo.

Pasando por una vieja y abandonada aldea vio frente a una casucha a un viejo de barba sucia, totalmente repulsivo.

—¿Quién eres? —preguntó el que había sido rey.

—Soy un religioso —respondió el sucio aquel.

—¿Qué haces?

—Arrojo a los muertos que me traen dentro de ese pantano, y me pagan monedas.

—Sea, me vendo a ti...

El otro le dio una onza de oro. Se quedaron juntos, comían granos, pastos, frutos silvestres.

De pronto hubo un período de prosperidad en toda la comarca, todo el mundo comía bien y nadie se moría. El religioso estaba desesperado porque no tenía trabajo ni ganaba nada.

El rajá, de pronto, vio venir hacia el pantano una mujer que llevaba en brazos el cuerpo de un muchacho.

"El corazón del rajá latió con fuerza y reconoció a su hijo, su hijo que había muerto".

La mujer reconoció al Rey y pensó que enterraría a su hijo sin cobrar. El rajá se arrastró hacia ella y le dijo:

—Tienes que pagar ocho monedas para que sepulte a mi hijo.

—No tengo dinero —alegó ella.

—No importa —dijo él—, ve a recoger arroz y ganarás esas monedas.

Cuando ella trajo el importe reclamado, él hundió a su hijo en el pantano y dio el dinero al religioso para salvarlo de la muerte que el hambre ya le estaba causando "y vio que había alcanzado realmente el mayor renunciamiento y la verdadera piedad del pobre". Luego el rajá oró a Dios. Dios lo transformó en un árbol que tenía los brazos elevados al cielo.

Volvió a ser naturaleza. Nunca llegó a morir.

TAMBIÉN YO FUI REBELDE

Alguna vez, también yo fui joven, adolescente. La rebeldía es esencial en la adolescencia. Pero no esta rebeldía que cunde hoy gracias a los valores hegemónicos de violencia y agresividad, que se manifiesta destrozando colegios a fin de año, embadurnando monumentos públicos, destruyendo árboles, etcétera. Eso no es rebeldía. Eso es mera diversión negativa de hacer daño.

Rebeldía verdadera es el cambio que se produce *por dentro*, en sentimientos, pensamientos, ideas, y que no produce destrucción física aunque sí confrontaciones entre personas.

La oposición a los padres por parte de los hijos, en general, y de los adolescentes en particular, es natural, es normal. Cada generación tiene su punto de vista, y gracias a ese intercambio de visiones es que progresa la historia. Por tanto corresponde el diálogo, el cambio de ideas. El capricho puro del "no estoy del acuerdo" no es rebeldía, es puro gusto de oponerse porque sí; el "no estoy de acuerdo" cobra valor en cuanto opongo al otro una idea, un gusto disímil al que él profesa. Para negar una idea, tengo que tener otra idea que considero mejor que la anterior.

Les cuento, pues, que mis amigos y yo también éramos rebel-
des y cuestionábamos a nuestros padres, sobre todo en materia
religiosa.

Recuerdo mis cuestionamientos. Los rituales que practicamos, en los rezos, en las comidas, en las fiestas, el descanso rigu-
roso del *shabat* (séptimo día; domingo de los cristianos; viernes
de los musulmanes), que prohíbe inclusive viajar, lo que me ale-
jaba de mis amigos por un día y me condenaba a cierta soledad,
todo eso una mente racional en pleno crecimiento lo rechazaba.

Si creo en Dios —pensaba entonces—, ¿por qué tengo que so-
meterme a esos rituales y costumbres que alguna vez habrán sido válidos para educar al pueblo, pero hoy, con la vigencia de la
ciencia, han perdido su razón de ser?

Y por cierto que, tratando de no ofender a mis padres, no prac-
ticaba muchos rituales y evadía a los otros en cuanto podía.

Era un rebelde. Aceptaba la fe, pero rechazaba la religión.
Porque la fe es personal, privada, individual. No existe, por
ejemplo, la fe judía. Cada judío siente lo suyo y es imposible hacer una tomografía computada de su fe. Lo que existe es la *religión* judía, que es el re-ligamento, lo que nos liga. Y eso que nos
liga, lo sé hoy después de largos años de reflexión y estudio, son
justamente los rituales, *lo que hacemos y practicamos juntos.*

Yo puedo rezar cuando se me antoje. Es mi fe. Y lo puedo hacer
en términos puramente individuales. Pero cuando quiero encon-
trarme con el otro, me religo con el rezo a la hora que corresponde
y con los textos del libro de plegarias que todos compartimos.

EL ARTE DE RELIGARSE

Lo que no captaba de jovencito lo sé hoy. Los rituales no son santos, pero su intención es ligarnos, unirnos, co-participar de la vida en actos, maneras, horarios, fechas, compartidas. Los rituales
tienen textos, tienen acciones, tienen canciones.

Cuando esto descubrí, me dediqué con mayor énfasis a llevar
a mis hijos más a menudo a la sinagoga. Que aprendan los rituales, las letras de los rezos, sus melodías, para comunicarme con
ellos también por esa vía, la de la ceremonia en común. Y así
también con los festejos en casa.

Por eso las religiones tienen rituales para la sociedad toda, y
otros específicos para la familia. Ahí donde está nuestra vida total, afuera y adentro, en la plaza y en el hogar.

Sepa el lector que los lugares donde la gente se reúne para practicar no se denominan "la casa de Dios", sino, para los hebreos, *synagogue*, término griego que traduce del hebreo (*keneset*) la idea de reunión o congregación de gente. En latín eso mismo se dice *ecclesia*, de donde viene la palabra "iglesia". La mezquita deriva de una voz árabe que habla del sometimiento conjunto de la gente ante Dios, pero el acto es humano y comunitario.

Religión es comunidad, algo que tenemos en común con otros, a través de costumbres en común, festejos en común, tristezas en común, devoción en común.

> Las religiones tienen rituales para la sociedad toda, y otros específicos para la familia. Ahí donde está nuestra vida total, afuera y adentro, en la plaza y en el hogar.

Y así lo vengo criando a Roni, el mayor de mis nietos, con tres años y medio mientras esto escribo, enseñándole cantos, melodías y otros elementos de la religión. No le digo "Dios", ni le hablo de tema religioso alguno. Simplemente cantamos juntos, y él está contento. Después de todo, no solamente Luis Miguel o *Arroz con leche* habrán de criar a tus hijos, a tus nietos.

EL MAL PSICOLOGISTA

Benjamin Constant (1767-1830), en *De l'esprit de conquête et de l'usurpation*, tomaba conciencia de los tiempos que se avecinaban, alejados de Dios, de la trascendencia, y adheridos únicamente a lo material, lo subjetivo, el espíritu de la razón, que es duda perpetua y vacilación sin fin. Escribe:

"Hemos perdido en imaginación lo que hemos ganado en conocimiento; somos por eso mismo incapaces de una exaltación duradera; los antiguos estaban en plena juventud de la vida moral; nosotros estamos en la madurez, quizás en la vejez; arrastramos siempre con nosotros no sé qué segunda intención que nace de la experiencia y que deshace el entusiasmo.

La primera condición para el entusiasmo es no observarse a uno mismo con finura, así tememos tanto ser incautos, y sobre todo parecerlo, que observamos sin cesar nuestras impresiones más violentas.

Los antiguos tenían sobre todas las cosas una convicción plena; nosotros no tenemos sobre casi nada más que una convicción blanda y flotante sobre cuya incompletud buscamos aturdirnos en vano".

Si no se puede disfrutar, si no se alcanza la exaltación que haga del ser uno mismo un motivo de entusiasmo, sólo cabe aturdirse.

La atmósfera de este siglo es de incertidumbre, es decir falta de certezas, que a la hora de meditar es un factor sumamente positivo porque agiliza la mente y no le da tregua. Pero a la hora de actuar, de educar, nos paraliza y se torna miedo a tomar compromisos, a optar, y por lo tanto miedo a los hijos, y miedo a mí mismo que puedo hacerles mal con mis ideas o mis costumbres.

Yo quiero ser yo mismo, pero también quiero que mis chicos saquen buenas notas en la escuela, que hagan los deberes, que nos respeten y que cuando uno les habla, escuchen. Pero nos cuidamos, así decimos, de ser autoritarios, de no provocarles traumas, porque adolecemos del miedo a los hijos, que es miedo a dejarles marcas, traumas. Una de las raíces del mal argentino consiste en que todos nos volvemos psicólogos.

LA PREGUNTA DEL ABUELO

Me contó una joven pareja:
"Un día vino el abuelo a casa, se sentó en su sillón preferido, y lo agasajamos con su té preferido y sus galletitas preferidas. Mientras bebía y comía preguntó susurrando, como quien no quiere la cosa:

—¿Y religión? ¿No piensan enseñarles religión a sus hijos?

Nosotros lo miramos con cara de espanto, como si fuera el mismo diablo o algún monstruo prehistórico.

—¡No! —gritamos al unísono, y nos miramos triunfantes.

El abuelo no dijo nada. Tragó saliva y se fue a la cocina a tomar un vaso de leche.

¡La religión, jamás! ¡Es el opio de los pueblos! Nosotros queremos hijos que crezcan libres, que piensen por sí mismos, que se guíen por el conocimiento y la verdad.

Hemos crecido en el ámbito de la ciencia, del libre pensamiento, de Piaget, de Marx y de Freud, y no sumergiríamos a nuestra criatura en el tenebroso mundo de lo religioso. Crecerá en libertad, con espíritu crítico, y en plenitud de desarrollo de sus tendencias naturales, como quería Rousseau".

Así declaró, al unísono, la pareja. ¿Qué había sido de esa libertad? —me pregunto hoy.

LA DISYUNTIVA

Fernando Pessoa, eminente escritor portugués de comienzos del siglo XX, comienza su diario intitulado *Libro del desasosiego* con estos términos: "Nací en un tiempo en el que la mayoría de los jóvenes habían dejado de creer en Dios, por la misma razón que sus mayores habían creído en Él, sin saber por qué... La mayoría de estos jóvenes eligió la Humanidad como sucedáneo de Dios. Pertenezco, sin embargo, a esa especie de hombres que están siempre al margen... Por eso ni abandoné a Dios tan ampliamente como ellos, ni acepté nunca la Humanidad".

Esta es la breve historia de la modernidad, el cambio de dioses. Nunca se abandona un dios a menos que se lo esté trocando por otro. Nietzsche, el gran nihilista, mató a Dios para poder ser él mismo Dios, y hacerse totalmente responsable de su existencia. Nadie abandona una orilla de abrigo a menos que ya tenga en mente otra orilla, también de abrigo, que lo espera.

No podemos vivir sin creer. Forma parte de lo humano.

El problema es: ¿en qué creemos? ¿Es bueno, creativo, fecundante, o es meramente discurso, frase hecha, y nos deja vacíos, a nosotros y a nuestros hijos?

He aquí el interrogante, diría Hamlet.

Pessoa nos representa. Antes se creía; después se dejó de creer, es decir se siguió creyendo pero en "otra cosa". Trueque.

En lugar de "Dios" se empezó a decir "la Humanidad", así, con mayúscula. ¿Existe la Humanidad?

Los hombres existen, claro que sí. Hombres, mujeres, niños, blancos, amarillos, incultos unos que comen con los dedos, finos otros que comen con cubiertos bien tomados por la mano. Sin embargo la idea de Humanidad implica algo que está por encima de nosotros, un designio superior que nos espera en el futuro remoto y por el cual debemos, todos, trabajar, luchar.

Eso ya es una fe, indemostrable como cualquier fe. Creer por creer.

El que dice que no cree tiene que contarte en qué cree.

LOS FRUTOS DEL MODERNISMO DISTORSIONADO

Éramos modernos. Fuimos modernos. Sembramos aparente libertad y cosechamos juventudes sin identidad, resentidas, muy lejos de la felicidad, desorientadas. Porque nos equivocamos.

¿En qué nos equivocamos?

No fue libertad lo que sembramos, sino abandono. Si dejo a un niñito cruzar libremente la calle, cuando se le antoje, no le doy libertad, más bien lo estoy abandonando a la posibilidad de un accidente.

"Hacé lo que quieras" no es mensaje de libertad, es mensaje de lavarse las manos y no me comprometo.

La libertad es opción de elegir. Y para ello hay que estar previamente documentado, informado, educado. Dejarse arrastrar por lo que uno siente en cierto momento, no es libertad, es indolencia, ser una hoja al viento. La inteligencia emocional, justamente, consiste en controlar las emociones para encaminarlas hacia una creatividad inteligente, un bien. La espontaneidad en sí nada tiene de bueno, en principio.

> La libertad es opción de elegir. Y para ello hay que estar previamente documentado, informado, educado. Dejarse arrastrar por lo que uno siente en cierto momento, no es libertad, es indolencia, ser una hoja al viento.

RAZÓN Y CORAZÓN

Razón y corazón vienen polemizando desde antiguo en la historia del pensamiento y la literatura. Probablemente sea una de las primeras evidencias que el hombre ha experimentado acerca de su interior, como zona de conflicto entre potencias del alma. Quien, creo, le dio la máxima expresión fue Pablo cuando confesó: "Porque no entiendo lo que hago; pues no hago lo que quiero; al contrario, lo que aborrezco, eso hago". (Romanos 7,15)

Y es cierto. Sin entrar en teologías o teorías del alma, lo cierto es que el querer y el hacer, aun cuando no medien impedimentos exteriores, pueden contradecirse extrañamente. Lo indudable es que la cultura occidental sobre todo, pero escoltada por el resto de las culturas, reconoce esta batalla perpetua que los griegos simbolizaron en la serenidad pensativa de Apolo y la pasión desenfrenada de Dionisos. El ideal impuesto es la calma, el equilibrio, la inteligencia que calcula medios y fines, consecuencias y efectos, fría, objetiva.

El romanticismo reivindicó el maltratado reino de la emoción, de lo afectivo, es decir de lo subjetivo y su espontaneidad equiparado con lo creativo y lo auténtico. La psicología fue descubriendo que el inconsciente de las emociones, en realidad, aunque no fuera siempre visible, manejaba todo el carruaje —diría Platón— de la vida humana.

De un extremo —como corresponde en toda revolución— nos fuimos al otro. El emocionalismo y el subjetivismo estallaron gloriosos en el siglo XX en el arte, en las letras, en el entronamiento del individuo que siente y se expresa versus el hombre que piensa y contiene a los corceles del alma en sus intentos de marcha alocada. Esto también tuvo su influencia en la educación, en las escuelas pedagógicas y en su desborde, que condujo a cierto *laissez faire* que se confundía con creatividad, libertad, autorrealización.

Los románticos, y el mismo Rousseau, portadores de estos ideales antes de pronunciarlos pasaron por la criba de bibliotecas, estudios, y sesudas y profundas investigaciones.

Nuestros contemporáneos hicieron una traducción libre de ese ideal más o menos en estos términos: "Decí lo que sientas; escribí lo que te venga a la mente; no busques modelos ni te esfuerces demasiado por saber qué es lo que otros pensaron o dijeron o compusieron, total, con ser libre en tu expresión y siempre que ésta sea visceral, estarás produciendo el happening de tu existencia".

A finales de siglo se fue tomando conciencia de que esa feria de la emoción lanzada al aire, lejos de satisfacer a nadie era estéril y producía decepción y resentimiento, porque la dicha prometida no se daba y su lugar lo ocupaba el vacío existencial.

DOMINAR-SE

En los últimos decenios se viene hablando de las inteligencias múltiples. Es decir que no sólo merece llamarse inteligencia la relativa a las matemáticas, física y ciencias en general. Hay muchas inteligencias en el hombre que son sus vocaciones, habilidades, como ser la inteligencia artística, o la del deportista o la del bailarín. Piense por ejemplo en aquellos seres que tienen una particular inteligencia personal-social, para manejarse con los otros, parar ser exitosos en las relaciones.

Pero Daniel Goleman habla de una "inteligencia emocional"; también las emociones existen. Y no sólo también, sino que son las que se combinan con la inteligencia e incluso la dominan. El hombre en todas sus facetas, las sentimentales y las del entendimiento. Respecto, por ejemplo, de la inteligencia personal, que es la que nos comunica exitosamente con los demás y se torna inter-personal, comenta Goleman que el factor emocional es aquí fundamental. "La lentitud de los hombres para plantear los problemas de la relación se combina sin duda con su relativa falta de habilidad cuando se trata de interpretar la expresión facial de las emociones. Las mujeres, por ejemplo, son más sensibles a una expresión de tristeza del hombre que ellos para detectar la tristeza de una mujer".

Inteligencia emocional termina siendo emoción inteligente. La inteligencia se tiñe de subjetividad y la emoción se torna cognitiva.

El avance de la educación humana depende no sólo de técnicas pedagógicas o enfoques didácticos de alcance universal, sino, al contrario, de una personalización del fenómeno educativo centrado en la persona del alumno, sus capacidades, sus inteligencias y el manejo que hace de su vida emocional.

A cada cual hay que exigirle lo suyo, *su propio talento*, y cultivar su superioridad, dicho en términos de Adler, mientras se lo ayuda a superar su inferioridad.

Obviamente la educación como ciencia estricta aún es un proyecto, pero despunta ya en el oriente y nos llena de entusiasmo porque al menos sabemos qué debemos hacer y de qué debemos desistir. Y eso ya es mucho.

La religión, repetimos, es pedagogía. Está radicada, como sentimiento, en la inteligencia emocional, en el lado místico del sujeto humano. Esto debe entenderse.

El niño, al educarse, debe tener la posibilidad de despertar en sus múltiples inteligencias. Lo religioso es una posibilidad.

Tanto Oriente como Occidente, en todas sus manifestaciones religiosas tienen la doctrina central del auto-dominio. De las religiones provienen los valores, que son límites y cauces que te sostienen en el camino de la vida y de la realización de tus sueños.

El que domine su cuerpo suficientemente, y su mente, y su voluntad, y su conocimiento para conocer las reglas de tránsito y los semáforos, al no ser tomado de la mano para cruzar la esquina es dejado en libertad. Pero el que no está preparado, porque es muy pequeño aún, o tal vez discapacitado *necesita que alguien lo apoye, lo sostenga y le marque el sí y el no de la ruta, lo permitido y lo prohibido.*

Los hijos necesitan de sus padres un mensaje de valores, del bien y del mal, de lo alto y de lo bajo, de nuestros ideales y del futuro humano. Cuando sean grandes podrán ser libres, porque también oirán otros mensajes de otra gente, de otros medios, y de esta manera tendrán multiplicidad de opciones para elegir.

Eso es libertad.

Quizá no elijan lo que yo quise para ellos. No importa. Mi deber es entregar mi fe, aquellos valores en los que creo, y la religión figura entre ellos. Debo también transmitirla simplemente con la vida que llevo, el ejemplo que en casa damos, los rituales que practicamos. Crecerá y elegirá.

Miles de casos se han visto de hijos criados en hogares sumamente ortodoxos que luego, en su crecimiento, abandonaron la enseñanza de sus padres y eligieron el ateísmo o, en casos extremos, se convirtieron a otra religión.

> Los hijos necesitan de sus padres un mensaje de valores, del bien y del mal, de lo alto y de lo bajo, de nuestros ideales y del futuro humano. Cuando sean grandes podrán ser libres, porque también oirán otros mensajes de otra gente, de otros medios, y de esta manera tendrán multiplicidad de opciones para elegir.
> Eso es libertad.

CAPÍTULO IV

QUE TU HIJO NO SEA UN ROBOT

EL MISTICISMO

Hay una faceta que todas las religiones suelen tener, y es la individualista. La religión es para todos, y para ese todos, pueblo o sociedad, se manifiesta en rituales, en creencias establecidas como dogmas, en imágenes y conceptos firmes para todos por igual.

Al costado de ese camino central crece *el misticismo*.

Místico es lo misterioso. Y es mística la persona religiosa que, por su parte, cultiva la búsqueda del misterio. El misterio de Dios.

Porque todo lo que se dice de Dios es conjetura, es un modo de querer volcar al Infinito en los moldes finitos de nuestra lengua, de nuestra comunicación. El místico, en cambio, busca a Dios como experiencia personal, privada; como vivencia, y lo expresa, como hace Teresa de Jesús en sus libros de memorias, en metáforas poéticas de presencia o ausencia del Amado.

El místico, en efecto, tiene trances de amor en los que se eleva hacia la divinidad, olvidando todos los menesteres terrenales, y allí alcanza lo que busca, *el éxtasis de la unión con Dios.*

Todo esto, según verá el lector, tiene características eróticas. Es que el libro básico para el desarrollo místico ha sido *El cantar de los cantares* de la *Biblia*. Libro que aparentemente describe la ansiedad amorosa entre la pastora y su amado. Los monoteísmos han visto en este libro una parábola para pintar la agonía y el éxtasis en el camino del hombre que busca a Dios, no como razonamiento o explicación de nada, sino como felicidad suprema que lo arranca a uno de sus problemas cotidianos y lo llena de amor.

Esto fue maravillosamente expresado por San Juan de la Cruz, lírico español del Renacimiento:

> *En una noche oscura*
> *Con ansias en amores inflamada,*

61

¡Oh dichosa ventura!
Salí sin ser notada
Estando ya mi casa sosegada.

La primera situación es de noche, oscuridad, angustia. El próximo momento son las ansias que lo inflaman de amor para salir de ese estado. Luego aparece la ventura, la suerte, ya que esto no se programa ni es previsible; una es la voluntad, el deseo, y la otra la obtención del objetivo.

Nótese que el poeta se designa a sí mismo como femenino. dios es la potencia masculina, el Amado, y el hombre es la esposa o, mejor dicho, la potencia femenina que aspira al Amor Supremo.

Es un duro ascenso el del alma. Finalmente lo consigue y alcanza la dicha anhelada:

Quedeme y olvideme,
El rostro recliné sobre el Amado,
Cesó todo y dejeme,
Dejando mi cuidado
Entre las azucenas olvidado.

Es la serenidad, la calma. No hay más cuidados, es decir preocupaciones. Todo está olvidado entre las azucenas, aquí en la tierra. La conciencia plena de Dios no tiene lugar para otros temas ni sentimientos. Ese es el éxtasis, que en latín significa "estar fuera de sí", estar fuera del mundo y a solas con lo único auténtico.

El mismo San Juan de la Cruz, en una de sus prosas, explica qué es el misticismo: "Porque la sabiduría mística no ha menester distintamente entenderse para hacer efecto de amor y afición en el alma, porque es a modo de la fe, en la cual amamos a Dios sin entenderle".

Unos, los teólogos y filósofos, quieren entender a Dios; otros, los menos, los místicos, no necesitan ni pretenden la racionalidad conceptual, les basta con el amor y el éxtasis. Por eso, explica Jorge Guillén, citando al genio español, los grandes fundadores de religiones fueron ineptos para la palabra: Jeremías declara que no sabe hablar; Moisés dice que es "pesado de boca"; Jesús sólo puede expresarse en parábolas, poéticamente.

Son místicos que cuando quieren transmitir su mensaje al pueblo tartamudean o buscan, como los profetas, una lengua poética, diferente de la prosa organizada. Balbucean.

Juan de Ávila (citado por el gran sabio en estos temas, Américo Castro) así advertía a la gente que alcanzaba experiencias místicas: "Lo que en su corazón pasa con Dios, cállelo con grande aviso, como debe callar la mujer casada lo que con su marido pasa".

EL MUNDO DE LOS NIÑOS

¿Qué son los niños? ¿Qué contienen en su interior? ¿Qué habita en sus almas?

Rousseau decía que hay que respetarlos y no taparlos con cultura, porque de esa manera se los asfixia; hay que dejarlos crecer naturalmente, sostenía.

Yo leía a Rousseau de joven y me preguntaba a continuación:

—Naturaleza, correcto. Estamos de acuerdo. Pero, ¿en qué consiste esa "naturaleza"? No es obviamente la de los animales o las plantas que denominamos "naturaleza", sino algo propio de lo humano en su crecimiento.

La crítica de Rousseau me parece excelente. No vemos a los niños en su natural realidad, la de ellos. Nos hacemos ideas de esos pequeños seres y seguimos al psicólogo Piaget que nos enseña cómo educarlos, en concordancia con su natural evolución que va de lo concreto a lo abstracto, del egocentrísmo a la objetividad. O nos atenemos al gran Freud para contemplarlos desde el Complejo de Edipo, que consiste según el psicólogo vienés, en el deseo de (a) la madre y el odio al padre.

Todo esto va bien y debe ser considerado.

Pero el niño no es un ser que está ahí esperando que lo modelemos según Piaget, que lo eduquemos con los valores que la sociedad considera importantes, leer, escribir, ser sociable, saludar, dar besitos y no ensuciar. Es más que una máquina de aprendizaje de saberes que los adultos privilegian. Es sueño, misterio, maravilla.

> El niño no es un ser que está ahí esperando que lo modelemos según Piaget, que lo eduquemos con los valores que la sociedad considera importantes, leer, escribir, ser sociable, saludar, dar besitos y no ensuciar. Es más que una máquina de aprendizaje de saberes que los adultos privilegian. Es sueño, misterio, maravilla.

En ellos habita un mundo de fantasía, de deseos inexpresables, de sueños. Cuando se cansan de estar en movimiento, de jugar con esos aparatos que les compramos y que les ordenamos disfrutar, cuando se fatigan de mirar los dibujitos en la tele, hay momentos —¡véanlos ustedes!— en que se quedan callados, silenciosos, en un rincón, aspirando a *otra cosa, otros valores, esos ignotos que no se registran en el mercado ni en la juguetería.*

Esos *valores otros*, debe entenderse, no figuran en la lista de los elementos que el niño debe aprender para ser "gente". Los ignoramos, y es una pena. Son alas que no se desarrollan, y que van cayendo, silenciosamente, entre problemas de matemática, sujetos, predicados, Walt Disney y demás condicionamientos para que el niño sea feliz.

Más tarde, cuando crezca en sociedad le dirán: "Sonríe, Dios te ama". Las masas aman a un Dios que ama cuando uno sonríe. ¡Tan fácil es!

Podrá sonreír, pero no por eso será feliz.

Dios es un término para representar lo poético, lo diferente, aquello que anida en nosotros y a veces se llena de ansias de amor. Crecimiento, esfuerzo y ascenso del alma.

Esas ansias merecen ser respetadas.

Si queremos respetar a los niños hemos de hacerlo tomándolos en su totalidad de ser, y no meramente en los sectores que nosotros inventamos como indispensables.

Amar es autorizar al otro ser el otro.

EL ROBOT QUE NOS ANTECEDE

La leyenda cuenta que el Gólem era un muñeco de barro al que el rabino Leiva, en la Praga medieval, prestó vida adhiriendo el nombre misterioso de Dios a la lengua, una palabra mágica, la palabra que da vida, la que mueve todo y puede todo porque es la palabra que señala el nombre de Dios.

Quien posea el nombre oculto de Dios, decían, dispondrá de las fuerzas demiúrgicas del Creador. Podrá crear. Y eso pretendía el vanidoso rabino de Praga. Crear vida.

Entonces hizo al Gólem (materia bruta). Y le salió un robot. Físicamente bien; espiritualmente, un imbécil. Incapaz de pensar por sí mismo era, comparado con los actuales, un pésimo robot.

Es esta una metáfora que alude a la impotencia del hombre cuando sobrepasa sus límites y pretende invadir los sectores de la divinidad, hacerse dios.

En efecto, el rechazo de Dios por parte del más grande de los deicidas, Friedrich Nietzsche, a fines del siglo pasado, consistía en que él mismo quería ser dios, y por eso no toleraba a Dios y lo declaraba muerto.

Ocurre que Nietzsche era genial y realmente estaba dispuesto a suplantar a Dios en cuanto a la vida y sus valores. Él solo era capaz de practicar los valores superiores sin necesidad de una religión. Pero los que siguieron sus pasos, y suprimieron a Dios de su calendario, entendieron que eso era una liberación y no la carga de un yugo, el tener que darse uno mismo las normas, para sí y para sus hijos.

QUÉ HACER PARA SER LIBRE

En el libro *Así hablaba Zarathustra* escribía Nietzsche:

"¿Te llamas libre? Dime qué idea te domina, y no que has escapado de un yugo... ¿Libre de qué? Esto no le interesa a Zarathustra. Tu mirada, empero, es la que me debe manifestar claramente: ¿ser libre para qué?

¿Puedes otorgarte a ti mismo tu Mal y tu Bien y suspender sobre ti tu voluntad como una ley? ¿Puedes ser juez de ti mismo y el vengador de tu ley?

Es terrible estar solo con el juez y el vengador de la propia ley. Esto es arrojar una estrella a los espacios yermos, en el gélido aliento de la soledad".

Quitarse a Dios de encima significaba para la mayoría salir a la libertad. El filósofo Nietzsche está de acuerdo, por cierto, pero pregunta: libertad ¿para qué? Él también pregunta ¿cómo harás para ser tu mismo —ya que no hay Dios, ya que no hay categoría superior— tu legislador y tu juez y tu propio vengador si transgredes esa ley? ¿Lo harás?

Si no lo haces no eres libre.

Y nos quedamos sin Dios, sin alma, sin normas, solamente con máquinas. Gólem es el sujeto de esta situación. Robot. No hagas de tu hijo un Gólem, te lo ruego.

Eres simplemente un des-atado que no sabe qué hacer con su propia existencia.

Ese trabajo, los sucesores de Nietzsche no lo encararon. Y nos quedamos sin Dios, sin alma, sin normas, solamente con máquinas. Gólem es el sujeto de esta situación. Robot.

No hagas de tu hijo un Gólem, te lo ruego.

REBELIÓN CONTRA EL CREADOR

La leyenda sobre el Rabí de Praga y su maravillosa criatura se popularizó a través de los siglos. Empero su coronación la logró cuando el poeta H. Leivik, hacia 1920, le dio forma dramática.

Las fuerzas arcanas del bien y del mal, de la oscuridad y de la luz, del sufrimiento y de la redención despliegan todo su extremismo en la obra que comentamos. Aparentemente el autor sigue al pie de la letra la leyenda del Gólem. Pero va más allá de ella y le infunde el espíritu de paradoja y contradicción que habita en todo lo humano.

Invoca Leivik el drama del Cabalista que quiere suprimir las tinieblas que envuelven el mundo para redimir la luz oculta y aplastada. El Rabí Cabalista creó para ese fin al Gólem.

Gólem, por su parte, criatura de un hombre, sufre como todos los hombres un destino de soledad. Ora es el hombre dormido en la inercia de su existencia, un simple siervo. Ora es el hombre que despierta y quisiera redimir al mundo de sus males.

En ciertos momentos Leivik enfrenta a los dos personajes centrales, al Gólem y al Rabí, su creador. Ambos con su respectiva humanidad. De siervo el Gólem se transforma en antagonista. Se rebela contra su creador. Llega a herir y a matar. Entonces atendemos al trágico monólogo del pequeño creador, el hombre, frente al Gran Creador, Dios:

> *¿Acaso sólo quisiste ponerme a prueba*
> *y revelarme lo sobrehumano*
> *por eso me dejaste ser un creador, gobernar, ordenar,*
> *para ver finalmente mi ser nada, mi gran pecado?*

EN BUSCA DEL CALOR DEL HOGAR

El hombre se arrepiente de su creación. Frente a ella, justamente, se siente más nada que nunca. La criatura se independiza y hace lo suyo, se rebela. Pero lo hace, en cierta manera, para ven-

66

garse de su creador. Movido por la agonía de soledad. Es un ser humano y sufre de soledad.

No quiere ser simplemente un siervo. Busca calor humano. Requiere que el Rabí esté junto a él, lo acompañe, hable con él. Finalmente quiere aprisionar al Rabí para que nunca lo abandone. Ese es su designio final y su acto final.

La tragedia del Gólem consiste en que es un ser humano que no debería ser humano. Su creador quería un robot, un ser que cumpliera órdenes y existiera tan sólo para ellas. No pensó que ese ser tendría humanidad y necesidad de humanidad.

Conmovedora escena final. El Gólem aprisiona al Rabí para que nunca lo abandone. El Rabí dice que tiene para él una última misión. Comprendemos: su última misión será morir. El Gólem está dispuesto a todo a condición de no ser abandonado.

"Rabí: Cierra los ojos .

Gólem: ¿Te quedarás aquí conmigo siempre, sí? Ya los he cerrado."

Es sábado. Muere el Gólem. Paz para su torturado ser en el día de la paz, el sábado. Ha concluido su existencia. Ha concluido su rebelión. Ha concluido también el sueño frustrado del famoso Rabí de Praga.

El Rabí dio vida a un cuerpo inerte. Leivik tomó a esa misma vida y le infundió humanidad. Paradójica humanidad de un hombre que no era hombre y sin embargo pretendía serlo. ¿No cabe reflexionar al respecto que fue más hombre que nadie? ¿No cabe pensar inversamente, que hay hombres que, al contrario, intentan evadirse de su humanidad y de su soledad?

El Rabí, por redimir el universo, no pensó en su propia criatura. La criatura se desentendía del universo y quería ser ella misma. Vino el poeta y recreó al creador y a la criatura, y en ambas centró el drama del universo.

EL COMENTARIO DE BORGES

Tenemos ahora ante la vista un poema de Jorge Luis Borges. Se llama "El Gólem". No extraña que asistamos a los últimos versos. El Rabí se sentía fracasado en su creación. Quiso crear una criatura humana, y sólo logró plasmar un triste remedo de lo humano. El creador contempla a su criatura y ve en ella su propio fracaso. Y la vanidad de sus pretensiones. Pero Borges imagina, al final, que mientras el rabino contempla su obra fracasada, su hombre inhumano, en ese justo instante, el pequeño creador es contemplado por el Gran Creador, por el propio Dios.

> En la hora de angustia y de luz vaga,
> en su Gólem los ojos detenía.
> ¿Quién nos dirá las cosas que sentía
> Dios, al mirar a su rabino en Praga?

Borges va pues más lejos. Se eleva por encima del Gólem y del Rabí. Soslaya cuál podría ser el punto de vista del Gran Creador sobre todo destino humano. No nos dice qué sentía Dios en ese momento. Nos deja simplemente el aguijón de la pregunta.

Sabemos ya qué es el Gólem frente al rabino. ¿Pero qué es, pregunta Borges, el rabino frente a Dios? Es obvio que la pregunta arrojada sobre el Rabí nos vuelve como boomerang. El poeta (en griego *poietes*, hacedor) se interroga sobre su puesto en el cosmos.

Ambivalencia del hombre, a veces tan cerca de Dios como Adán en la Capilla Sixtina. A veces tan lejos de Dios, como Adán en la Capilla Sixtina...

La pregunta inserta una duda. ¿Será el hombre también una criatura fracasada a los ojos de Dios? ¿De quién es el fracaso, del creador o de la criatura ? Y así podrían sucederse las preguntas. El hombre frente a sí mismo es el hombre frente al infinito. Las grandes verdades, en este ámbito, no pueden ser sino grandes e inconmensurables interrogantes.

Toda la vida. Todos los días. Como decía mamá: "Bendito Dios, día a día..."

Toda la vida. Todos los días. Como decía mamá: "Bendito Dios, día a día..."

LA GOLEMIZACIÓN DEL MUNDO ACTUAL

El tema de la vieja leyenda ha trascendido los límites de la poesía, del drama, de la especulación metafísica. Es un tópico actual, en particular como referencia al mundo de la ciencia y de la técnica. Sabemos que este mundo es pletóricamente nuestro mundo. Un mundo cuyo anhelo máximo es la automatización creciente y progresiva.

Aparentemente, la automatización sólo tiene que ver con el campo de las máquinas aunque, en verdad, rebasa esos límites y toca el corazón mismo de la existencia humana. Corremos el peligro de la automatización del hombre. Y no es un peligro lejano, vaticinable. Es actual y real.

El hombre autómata es un tipo que va cobrando más y más auge. Gólem equivale en esta perspectiva a robot. El hombre crea sus robots técnicos. Son sus "emisarios", sus "siervos", sus Gólems. Cobra auge hoy en día el problema estricto de la creación de robots, de maquinarias pensantes, autorreguladas que liberen al hombre de la ardua tarea de pensar, calcular, planificar.

La ciencia de la cibernética es la que se ocupa de estos problemas. Su padre espiritual es Norbert Wiener. Y no resulta nada casual que ese científico famoso haya compuesto un opúsculo precisamente denominado: "Dios y Gólem S.A.".

El título es más que irónico. Claro que Wiener procura mantener separado al hombre del Gólem-computadora. Así dice en la obra citada:

"Dejemos al hombre las cosas que son del hombre y a las computadoras las cosas que son de ellas. Esta podría parecer la política inteligente a adoptar cuando empleamos juntos hombres y computadoras en empresas comunes. Es una política apartada de la del adorador de artificios como la del hombre que ve solamente blasfemia y degradación del hombre en el uso de cualesquiera ayudantes mecánicos para pensar. Siglos atrás se decía: 'Dad al César lo que es del César...'".

Las soluciones políticas que propone Wiener, no obstante, remedian poco. Lo cierto es que en esta nueva era tecnológica y golémica —si se nos permite el término— nuevamente la criatura se rebela contra su creador humano.

Comienza dominada y concluye dominante. *Stricto sensu*, la pregunta acerca de quién llegó a la luna, el hombre o la computadora, se hace tremendamente difícil de contestar. La crisis de lo humano frente al auge y éxito de lo tecnológico, es indudable. Una de las grandes funciones de la máquina es liberar al hombre de ciertas tareas: darle más tiempo libre. Ahí justamente, en esos "beneficios" de la máquina surge la crisis de lo humano.

La ciencia y la técnica procuran seguridades. Lo humano, eso que ansía amor, que busca fruición, que anhela un nuevo día bajo un nuevo sol, se nutre de la pregunta planteada indirectamente por Borges: ¿Cuán Gólem soy yo, con toda mi grandeza, frente al infinito? Quien se desensilla de la seguridad y busca a Dios en la neblina, se está buscando a sí mismo, en otra dimensión. Y esas preguntas, lejos de degradarlo, lo elevan, y hacen crecer esa planta que todos los días ha de renacer, que no es cosa, que es inmortalidad, tiempo creativo.

¿TE PREGUNTASTE ALGUNA VEZ?

¿Te preguntaste alguna vez?:
- ¿de dónde nos viene esa idea de que somos algo especial en el universo?
- ¿qué fundamentos tenemos para afirmar que somos superiores a los demás seres?
- ¿por qué resolvemos ecuaciones y tenemos televisión y viajamos a trescientos kilómetros por hora?
- ¿qué justifica el que te sientas como de otro mundo, de otro planeta, de otra realidad, frente al mosquito, la margarita, el tigre, el bagre, el perejil?
- ¿no somos todos naturaleza, de la naturaleza, y con funcionamiento natural aunque, claro está, mucho mejor dotados los humanos para la ciencia y la técnica?

La pregunta es acerca de la dignidad humana. Ningún hombre admitirá que se lo compare con una hormiga o con un elefante. Todo hombre siente que, aunque no sepa leer ni escribir ni navegar en Internet, es un ser especial, de otro orden, de otra jerarquía y dignidad que los demás seres.

¿En qué se basa? No sabe. Vive con esa idea. Y si fuera urgido por la pregunta, respondería banalidades.

No, queridos amigos, no hay fundamento para esa sensación que brota cuando te miras en el espejo. Racionalmente somos todos naturales, es decir nacemos y morimos, y en el ínterin vivimos y hacemos cosas. La Torre de Babel es técnicamente muy superior a un panal de abejas, pero en definitiva nacer, vivir, hacer cosas, morir es lo que nos pasa a todos, a los corales y a nosotros, que vamos a la universidad y devoramos libros y movilizamos el cerebro para alcanzar vaya uno a saber qué alturas de conocimiento.

En realidad el señor llamado Eclesiastés, que escribió un libro en la *Biblia*, dice:

No es mejor el hombre que el animal,
porque todo es vanidad y el mismo fin les tocará a todos.

EL ORIGEN DE LA DIGNIDAD

Volvemos pues y nos preguntamos: ¿qué ganamos con todo este sufrimiento que invertimos bajo el sol? ¿Somos o no somos superiores? La dignidad, ¿de dónde nos viene?

Julia Kristeva, en *El porvenir de la revuelta*, escribe: "Considero como psicoanalista que la aptitud de los seres humanos de producir sentido a partir de cierta maduración neurobiológica... constituye esta esencia superior del hombre que decía Freud".

Luego reflexiona y añade: "El reconocimiento de una capacidad humana esencial garantiza a las religiones su función de verdad, más allá de la fascinación consoladora que procuran".

La dignidad depende de una escala de valores, sostenida en un valor superior, que la religión y sólo ella puede proveer: Dios.

Hay que ser digno ante alguien. Ser digno es estar en un escalón superior de la escalera. Pero alguien debe dar razón de que esa escalera existe, de que tiene sentido, de que aunque no se la vea hay que creer en ella. Y de que conviene trepar por ella, llegar más alto, porque si hay diferencia entre el hombre y el animal, esta consiste en que el animal está todo hecho y el hombre debe hacerse, debe crecer, y en eso consiste su dignidad.

> La dignidad depende de una escala de valores, sostenida en un valor superior, que la religión y sólo ella puede proveer: Dios.

Esto Kristeva lo ve como libertad otorgada por la religión, la misma que funciona como represora particularmente en el campo sexual y amenaza con duros castigos.

La historia trágica de nuestro siglo, con sus dos totalitarismos y los síntomas de la sociedad posmoderna, la caída de los interdictos, la generalización de la sexualidad sadomasoquista, de la delincuencia y del vandalismo y de nuevas enfermedades del alma —piscosomáticas, toxicomaníacas, psicóticas—, permiten entrever, sin embargo, que el sistema mismo de reconocimiento-renegación está en crisis.

71

Hemos perdido la escalera o la hemos roto, y sin embargo lloramos por qué hay tanto caos en el mundo, tanta crueldad, tanta insensibilidad.

HISTORIA DE UNA ESCALERA

He aquí la historia de una escalera.

Jacob se fue de su casa. Emprendió una larga travesía. Iba en busca del amor, y en fuga del odio de su hermano. Había peleado por la herencia futura del padre, por la jefatura cuando el padre muriera. Jacob le compró la primogenitura a Esaú, su hermano, y le robó la bendición del padre.

Ahora huía de su hermano que deseaba matarlo. Caín y Abel se repiten constantemente. Como dice Borges, no sé, a veces soy Caín, a veces soy Abel. Es la historia de un mismo hombre que va trocando sus papeles, ora el amor, ora el odio, ora el otro, ora el ego inoculado con el virus de Serpiente.

Solo, en el camino, arrepentido, perseguido, sin hermano, sin padres, sin hogar caminaba Jacob en busca de la transformación. No quería luchar más, no deseaba continuar esa carrera venenosa en pos del poder, del ser más que otro, del dominar y sobresalir.

Desnudo casi, harapiento, con el cayado de las rutas desconocidas y los ojos oteando horizontes, caminaba Jacob.

—El odio —dijo El Maestro de la Claridad que me enseñaba en Safed— es tu primer hermano, lo que aflora con natural espontaneidad. Ahí está. Entonces hay que irse, arrancar la piel del odio, e irse. Porque el amor necesita ser armado, engendrado, un granito de arena sobre otro. Es un trabajo. El odio es hermano, está a tu lado, apareces en el mundo y ahí está, te espera, te tiende la mano de su fraternidad esencial. Hay que irse, alejarse de sí mismo, del hermano odio, hacia lo que no es hermano sino creación, el amor. No digas que lo sientes, sino que lo haces, que lo eriges, que lo amasas y modelas.

Eso hizo Jacob, y por eso se fue de la comodidad de los odios establecidos por la sociedad que invita a los hombres a competir los unos con los otros, a superarse, a ganar, a someter, a ser más a través del tener más.

Primero hay que irse y encaminarse hacia la dura tarea del amor, que empieza por el desierto, el yermo, el vaciamiento interior.

EL CAMINO ES APARTARSE DEL CAMINO

Jacob se apartó del camino y acostó su cabeza sobre una piedra y se durmió. En el sueño vio la escalera que unía cielos y tierra, y en ella los ángeles de Dios que subían y bajaban. Primero subían, luego bajaban.

Es el derrotero del alma. Primero subir. Antecede la caída, el fondo, la sentina, los escombros. Luego, o a partir de ahí, la infinita necesidad de ascender.

Dios es in-finito. Yo soy infinita necesidad de Dios. Desde las profundidades te llamé, Dios. Subir. Pero nadie puede quedarse arriba. Hay que bajar. El infinito se contrae y te irradia con su mensaje. El mensaje es exigencia.

No se sube para disfrutar. Se sube para bajar y cumplir con el mandato.

PRIMERO IRSE

Te vas. Primero irse, des-prenderse de las esclavitudes, de lo aprendido. Des-aprender. Liberarse.

Jacob se va, se retira, abre la puerta de XDM (la letra del medio, Dalet, significa puerta) y parte hacia el MH (Ma=qué), en busca del QUÉ. Huye del odio que se le ha vuelto hermano.

Se acuesta en el suelo, apoya la cabeza en la piedra. Nada es. No hay almohadas. Es uno el que decide qué es almohada, en qué circunstancia. Una piedra para el que es conducido por la Mem de mamá y de amén, ese hombre transforma una piedra en almohada, y el dormir a la intemperie en un sueño donde desfilan ángeles por la escalera, suben y bajan.

Primero suben. ¿Por qué suben los ángeles, primero? ¿No han de descender del cielo, según nos enseñaron en la buena sociedad, la de los prejuicios, y la de las frases hechas?

Es que nos enseñaron tanta cáscara volátil que se nos incrustó en la piel, y luego en la carne, y luego en la sangre. El camino es duro, duro como la piedra, para des-hacerse de tanta idea petrificada que nos pesa en el alma. Es tan difícil aprender, porque es hercúleo esfuerzo el de des-aprender, como despellejarse.

Los ángeles no son del cielo. Suben y luego bajan. ¿De dónde suben? Del suelo, de la piedra, de la cabeza y del cuerpo de Jacob.

Nada descenderá para ti, a menos que primero ascienda de ti mismo, como grito, como llamado, como convocatoria.

—Ángeles son emisarios. No sabemos qué formas tienen. Borren todas las formas de la mente —decía el maestro— que ellas aprisionan a la gente y les impiden sentir, pensar.

Emisarios. Palomas, niños, vientos, estrellas, el eco de una voz. El ángel es un mensajero y es por lo tanto el portador del mensaje.

Suben porque, para volar, han de nacer de tu vientre, de tus entrañas, han de ser tu envío, tu necesidad y tu clamor. Luego bajan, como el eco que regresa, como el espejo que te devuelve aquello que le emitiste. Dios es tu espejo. Suben y bajan. Sólo baja lo que sube. Debes sembrar tus ángeles, cultivarlos, para que sean tuyos. No se regalan, nada se regala, así como no existen las almohadas prefabricadas.

Toma la piedra y hazla almohada. Como hizo Jacob. Tomó una de las piedras del lugar y en ella apoyó su cabeza, y allí soñó la escalera que unía cielo y tierra y en ella vio a los ángeles que subían y bajaban…Y arriba, al final, estaba Dios.

> Hay que salirse del confort de lo establecido, de la comodidad, de la rutina, de las prisiones apaciguadoras. Hay que irse, exiliarse, arrojar el sí mismo petrificado, fotografiado, solidificado, vida hecha piedra, en pos de la piedra que ha de volverse vida.

En mullidas almohadas se logran mullidos sueños para una mullida vida sin sentido. Hay que salirse del confort de lo establecido, de la comodidad, de la rutina, de las prisiones apaciguadoras. Hay que irse, exiliarse, arrojar el sí mismo petrificado, fotografiado, solidificado, vida hecha piedra, en pos de la piedra que ha de volverse vida.

Tomó una piedra del camino, Jacob, e hizo de ella un sueño, un sueño de trabajo, de subir y bajar.

Toma tu exilio, tu salida, tu partida, y transfórmalo en sueño. Eso hizo Jacob, y aconteció Dios. Dios es acontecimiento, o no es. Si lo tienes, no lo tienes. Dios es la palabra y el mandato, la presencia que acontece y desaparece, el trabajo de llegar a la cumbre y recuperar el descenso para recuperar el nuevo ascenso. Mientras vivas.

Si lo tienes no es vida, es piedra.

Si lo vives, nada es piedra, todo es escalera.

LA VOZ SE DA

La voz se da, dicen los maestros místicos. Y los poetas son los que aprenden a escucharla.

Como dice Lope de Vega en un famoso poema dedicado a Cristo, donde describe cómo Jesús golpea cotidianamente en su ventana, pero él no lo escucha, lo evade. Sabe de la voz pero se niega a oírla, a responderle. Concluye el soneto en estos términos:

> *Cuántas veces el ángel me decía:*
> *"Alma asómate ahora a la ventana;*
> *verás con cuánto amor llamar porfía!"*
> *Y cuántas, hermosura soberana,*
> *"Mañana le abriremos, respondía,*
> *para lo mismo responder mañana".*

Desde el punto de vista de la experiencia religiosa, de quien la ha vivido y no razonado, la voz está. Hay que esforzarse y oírla. Para ello hay que desechar otras voces.

Lo que sucede es que son muchas las voces que anidan en nuestro interior; voces de llamados, de reclamos, de deseos de poder, gloria, conquista, dominio, pertenencias, posesiones, voces utilitarias, voces de negocios, voces de ganarles a otros, voces de estar primeros en algún ranking, de vencer en alguna competencia.

Esa es la muralla que impide oír a Dios, según esta teoría que exponemos.

Desentumece tu oído, tira abajo la muralla, arroja los muros de la vanidad, si es que quieres oír. Si no oyes, no hay Dios, eres tu mismo dios.

Esta es la versión del acontecimiento místico, el sentido de la palabra re-velación, la caída del velo, de los ojos, de los oídos.

Como la belleza. Como el amor. Acontecen. Pero hay que estar disponible, abierto para captarlos.

Jacob en el Nuevo Testamento

El llamado Nuevo Testamento, fundamento del cristianismo y del mensaje de Jesús y los comentarios de los apóstoles, es un *buen mensaje*, la buena nueva (*eu*, bueno; *angelios*, mensaje; el ángel, de ahí viene la palabra, es el mensajero).

Esta prédica que luego se llamará cristiana, porque deriva de Cristo, que significa "rey", es decir "rey de los judíos" (INRI, sigla que suele aparecer en los crucifijos, significa, en latín, Iesús Nazareno Rey de los Iudíos), se considera a sí misma continuación del Antiguo Testamento, de los hebreos. Complemento e innovación. Como dice el gran teólogo del cristianismo, Jean Danielou en su libro *Tipología bíblica*.

"De todo este conjunto de textos se desprende una conclusión general: la manifiesta intención de los escritores del Nuevo Testamento de presentar el misterio de Cristo como una prolongación y superación de los grandes acontecimientos de la historia de Israel".

De modo que el concepto BIBLIA, que en griego significa "los libros", alude a los dos Testamentos.

Esto viene a cuento porque la figura de Jacob, como la de sus antecesores Isaac y Abraham, son esenciales en ambas religiones, como los patriarcas que colocan la base de la fe monoteísta.

En *Mateo*, por ejemplo, expresa Jesús: "Y os digo que muchos vendrán del oriente y del occidente y se sentarán con Abraham, Isaac y Jacob en el reino de los cielos".

Alusión idéntica puede hallarse en el libro de *Lucas, cap. 13*.

De Abraham, que fue estrictamente el primer hombre de fe, pueden hallarse múltiples menciones en las epístolas de Pablo, amén de los libros ya citados.

Estos personajes son modelos de crecimiento espiritual, de trayectoria en busca de Dios pero en plena existencia terrenal, con caídas, con sufrimientos, pero siempre con esperanza.

Veamos a continuación algunas parábolas de Jesús sobre esto que llamo crecimiento hacia la fe.

El grano de mostaza

El hombre no nace; el hombre se hace. En sus vocaciones, en sus inteligencias, en su propio desarrollo. Y también en la fe. Más allá de ciertas leyendas no se da el súbito iluminarse del ser y de ahí a una plenitud de fe inmutable y absoluta.

La misma Santa Teresa, en sus maravillosos escritos autobiográficos, describe momentos de éxtasis y otros que denomina de "sequedad", que sería la falta de inspiración, como la ausencia de Dios.

Eso la hace crecer. Si Dios, aprendemos, fuera una cosa, un objeto, lo tendríamos encerrado en una caja fuerte y no nos preocuparíamos más. Pero el hombre de fe gana y pierde a Dios constantemente, de la luz cae en las tinieblas, y de las tinieblas renace hacia la luz. Toda la vida. (Sobre esta lucha permanente escribió Miguel de Unamuno y la llamó "la agonía del cristianismo". *Agonía*, en griego, significa "lucha, combate".)

Jesús, en sus parábolas, no se cansó de predicar al respecto. He aquí la parábola de la higuera, según *Lucas, 13*:

"Cierto hombre tenía una higuera plantada en su viña, y fue a buscar fruto en ella y no lo halló. Entonces le dijo al viñador:

—He aquí que ya son tres años que vengo buscando fruto en esta higuera y no lo hallo. Por lo tanto, córtala. ¿Por qué ha de inutilizar también la tierra?

Entonces el viñador le respondió y le dijo:

—Señor, déjala aún este año, hasta que yo cave alrededor de ella y la abone. Si da fruto en el futuro, bien; y si no, la cortarás".

Creo que es una bella lección sobre la aventura de vivir y crecer. Hay que esperar. Hay que devenir. Eso que hoy te parece imposible, quizá mañana se dé.

Famosa es la parábola del grano de mostaza:

"A qué es semejante el reino de Dios? ¿A qué puede compararse? Es semejante a un grano de mostaza que un hombre tomó y sembró en su huerto; y creció y se convirtió en un árbol, y la aves del cielo hicieron nidos en sus ramas".

Sembrar, esos es educar.

Sembrar y nunca des-esperar.

Cuida a tus hijos, siembra en ellos, y deja que el tiempo haga lo suyo. Algún día, quizá muchos años más tarde, verás el fruto, la cosecha de tu esfuerzo.

> Cuida a tus hijos, siembra en ellos, y deja que el tiempo haga lo suyo. Algún día, quizá muchos años más tarde, verás el fruto, la cosecha de tu esfuerzo.

No te abstengas de sembrar, para eso estás, madre, padre. La parábola de Jesús es muy rica en significados:

a) el pequeño grano, si crece, puede llegar a ser un gran árbol;

b) el árbol es bueno en sí y es bueno para los demás, porque las aves del cielo pueden hacer en él sus nidos;

c) el que crece hace crecer a los otros, su crecimiento incentiva a los demás y los invita a hacer nidos, que son para nuevas crías, es decir nuevas generaciones dotadas con el legado del crecimiento.

DIVAGACIONES DE UN HOMBRE FELIZ

Dios le habló. Feliz del hombre que escucha la voz de Dios. Para eso hay que tener oído abierto, disponible.

Me preguntarás:

—¿Y cómo sabe distinguir si esa voz extraña que escucha es la de Dios?

No sé responderte con recetas. Me imagino que si Dios existe ha de estar presente en todo lugar, en toda ocasión. Y su voz es un mandato, un mensaje que ilumina tu vida con una misión de amor, de caridad, de bien.

Si Dios existe, insisto, está. Siempre. El que no está siempre soy yo. Soy un amasijo de voces que me arrastran, me llenan, me preñan de pirámides, de tesoros, de frases hechas, de ideas para el estupor. Tan lleno estoy que no alcanzo a percibir esa voz.

Cuando me vacío, cuando de pronto me abro hacia el infinito, aparece, ahí está, se oye, se capta, y es mensaje, es mandato, es envío hacia un destino. Acontecimiento. Alegría. Luz.

Feliz del hombre que se abre para escuchar la voz de Dios. Feliz del que se abre para gestar la voz en su entrada, la luz en su salida.

Hay que construirla desde el sueño, desde la piedra, y abrirse, ser Dalet, puerta abierta de par en par, para que la voz suceda.

La voz se da, está, nunca falta. El que falta suelo ser yo, el que no oye, el que cierra la puerta, cerrándome ante el otro, negándome a la convocatoria erótica.

La voz está. Hay que esforzarse y oírla. Para ello hay que desechar otras voces. Estamos llenos de voces, de llamados, de reclamos, de deseos de poder, gloria, conquista, dominio, poder, tenencias, posesiones, voces utilitarias, voces de negocios, voces de ganarles a otros, voces de estar primeros en algún ranking, de vencer en alguna competencia.

Esa es la muralla que impide oír a Dios. Desentumece tu oído, tira abajo la muralla, arroja los muros de la vanidad, si es que quieres oír. Si no oyes, no hay Dios, eres tu propio dios.

Oír es abrirse, escuchar, dejarse fecundar por la creación y hacerse parte de ella, y crear, es decir volverse socio de Dios. Entonces los ángeles suben y bajan, los envías y se te devuelven.

> Desentumece tu oído, tira abajo la muralla, arroja los muros de la vanidad, si es que quieres oír. Si no oyes, no hay Dios, eres tu propio dios.

El trabajo es todo tuyo, criar ángeles, abrir oídos, hacerte puerta de la eternidad.

¡Oye! No obliga a rezar, impele a ser, a crecer y a vivirte como parte del Cosmos, de la Creación.

¡Qué difícil es oír! Hay que empezar desde abajo, oyendo al prójimo, escuchando al vecino, al más cercano, a tus seres queridos.

¿O es que sólo quieres tenerlos como se tiene una cuenta bancaria, que se deja reposar y que crece sola?

CAPÍTULO V

IDEAS ACERCA DE DIOS

LA DIFERENCIA ENTRE DIOS Y LA MESA

Decimos religión. Por lo tanto estamos diciendo "Dios".

¿Dios? ¿Qué es? ¿De qué hablamos cuando pronunciamos esa palabra? No sé, francamente. Mejor apelo a Hegel, que en su *Fenomenología del espíritu* se refiere al término "Dios" y comenta:

"De por sí esta palabra no es más que una locución carente de sentido, un simple nombre; es solamente el predicado el que nos dice lo que Dios es, lo que llena y da sentido a la palabra; el comienzo vacío sólo se convierte en un real saber en este final".

Es sumamente atinada esta reflexión. Porque, interpreto yo, en cualquier otra enunciación, el sujeto es la sustancia que ya contiene lo que el predicado va a desplegar. Imaginemos que se diga: "La mesa tiene cuatro patas, y una tabla arriba sobre la que apoyamos los platos, cubiertos, ceniceros y botellas de vino". En ese caso "mesa" implica ya la posibilidad de todo lo que dijimos en el predicado.

Pero en el caso de "Dios", son tantas las versiones, filosofías, teologías, ideas, imágenes que existen, o que yo puedo tener como referidas a ese sujeto, que hasta que no se las pronuncie no sabemos de qué estamos hablando, y es, por tanto —repito con Hegel— un concepto vacío.

De modo que ayudaría mucho a la vida, y al diálogo, y al amor si cuando alguien pronuncia una frase que involucra a "Dios" se le pregunte:

—¿Qué predicados le corresponden a ese "Dios" que estás mencionando?

Y a partir de ahí, si nuestras respectivas predicaciones coinciden, más o menos, podemos hablar. Si no coinciden, más vale renunciar.

Usted podría interpelarme:

—Y si discrepo con mi compañero, ¿cómo sé yo quién de los dos tiene razón, quién está en lo verdadero y quién en el error o lo falso?

Yo, en nombre de Bertrand Russell y de una enorme biblioteca de pensadores y religiosos, le diría:

—Aquí no hay verdadero ni falso. Es un tema de fe. No es matemáticas. Cada uno se cría en otra cultura, o tradición, o en su propia elucubración, y por tanto tiene otra imagen.

Pero ni aun entonces tenemos certidumbre de que eso que decimos es, efectivamente, el ser de Dios, sino que es la idea que nosotros, en mi grupo, o familia, o sinagoga, o barrio, o época, tenemos de él. Y creemos en esa idea. Quizá pueda llegar a demostrarse.

Imaginemos que Dios existe. Será difícil, pienso, mejor dicho imposible, demostrar qué predicados le corresponden. Por ejemplo que es bueno, que vela por tu salud, que el tema del Holocausto tiene que ver con Él, y que la marcha de la humanidad tiene alguna relación con alguna idea que hay en la mente divina. Son todas especulaciones de una sociedad o de una cultura. En última instancia, remiten a la fe y a la experiencia personal. Esta es la más genuina, y tampoco sirve para construir un dogma y transmitirlo a otros.

Los milagros en tu vida los percibes en calidad de milagros, y son mostraciones de Dios, no demostraciones. Los milagros, decía Maimónides en el año 1200, no sirven para demostrar nada. Sólo son testimonios de la experiencia de una persona o individuo. Para ellos vale, para los demás no, porque no fueron testigos del milagro.

Salvo el milagro de la revelación —sigue explicando Maimónides— que se ha dado colectivamente, como ser La Ley entregada en el monte Sinaí delante de 600.000 personas. Testimonio público, no privado. Eso es historia, y luego se vuelve tradición y fe.

EN BUSCA DE LA SANTIDAD

Fue una tarde en la ciudad de Safed, después de la oración. Me encontraba delante del maestro de Cábala, que me dijo:

—Jaime, ¿dónde está la santidad?

Lo miré atónito. No podía despegar un labio del otro. ¡Qué pregunta!

—Donde está Dios —respondí, pero era la lengua la que hablaba sola, y mentía, por cierto: yo quería salir del paso.

84

El maestro, un hombre ciego que leía la *Biblia* de memoria, me dijo:

—Jaime, ¿dónde está la santidad?

Mi respuesta había sido vacua, nada, no la tomó en cuenta. La consideró un silencio, y volvió a plantear su pregunta.

—En el corazón —respondí, pero volvía a mentir.

De nuevo me ignoró e insistió:

—Jaime, ¿dónde está la santidad?

Finalmente bajé la cabeza y dije:

—No sé, maestro, no sé. —Quería llorar por no saber, y por haber vivido tantos años sin haberme planteado esa pregunta.

—Está donde se la encuentra —me dijo el ciego maestro de Cábala—. "Buscad a Dios donde se encuentra, anheladlo cuando está cercano", dice el libro de los *Salmos*.

—¿Y cuándo está cercano? —pregunté como un niño ansioso por que le den la golosina en la boca.

—Cuando se lo ansía. Cuando se lo anhela, en profundidad, es porque está cercano. Tú lo haces cercano.

—¿Yo?

El maestro se levantó y se fue.

Me quedé solo con esas letras flotando, locas, imbéciles, en el ambiente:

—¿Yo?

INTERIOR Y EXTERIOR

¿Qué derecho —insisto con la pregunta que flota en el aire— tenemos nosotros de imprimirles a nuestros hijos una fe religiosa? Debemos —dicen los cuestionadores— dejar que ellos crezcan y elijan luego en la vida si quieren o no pertenecer a una religión de acuerdo con su experiencia.

Estas vacilaciones y expresiones son sumamente legítimas y correctas. Corresponde realmente que los padres dialoguen entre sí y se pregunten acerca de qué elementos les han de dar a sus hijos para su crecimiento personal y espiritual, así como charlan entre sí y con el médico respecto de los alimentos nutritivos para el cuerpo y para su mejor crecimiento físico.

Pero volvamos al tema de lo que llamo el cultivo del alma, del espíritu, del cerebro, del pensamiento, de la idea, en fin, de todo lo que denominamos el mundo interior.

El hombre está hecho de exterior y de interior. El niño que acaba de nacer se maneja hacia el exterior con sus manecitas, de acuerdo con leyes muy bien descriptas por Piaget, pasando por períodos sensorio-motores a períodos más sofisticados hasta llegar al período simbólico, en el cual ya maneja ideas y representaciones.

Todo eso en referencia al mundo exterior, insisto: la cucharita, el plato, la sábana, el rostro de mamá, papá, el hermano, sonajeros, muñecos y demás.

Pero hay también un mundo interior, que va creciendo paralelamente sólo que no se lo ve. Y ese mundo se nutre indirectamente del medio ambiente, del aire que se respira en esa casa, de lo que la gente habla, de lo que la gente dice, de lo que la gente opina, de los que gritan, de los que cantan, de los que manifiestan actitudes de bondad y los que manifiestan actitudes de agresividad: todo eso incide sobre el niño.

El bebé es un termómetro muy sensible que va captando todo lo que lo rodea y lo va internalizando y lo va juntando como un tesoro dentro de sí. Y algún día, seguramente sin que podamos establecer causas y efectos, influirá en su persona, en su carácter, en su manera de ser. Y enganchará con algunas tendencias personales. Imaginemos, por ejemplo, que tenga alguna tendencia de tipo agresivo; entonces si el medio ambiente a su vez es agresivo, todo se conjuga perfectamente para aumentar su agresividad. Si el medio ambiente es calmo, apaciguado y tiene por ideal la convivencia armónica y dulce de colaboración, entonces es posible que esa agresividad quede reprimida y no se desarrolle.

EL SER HUMANO NO EXISTE

Nosotros somos efecto de nosotros mismos, de aquello que traemos desde el nacimiento. Pero fundamentalmente somos una cruza entre ese ser que somos y el medio ambiente, eso que Ortega y Gasset llamaba "yo soy yo y mi circunstancia".

Al respecto cabe leer libros de antropología de sociedades llamadas primitivas, donde algunas están educadas de entrada hacia la competencia, mientras otras tildan de negativa la competencia y aplauden la colaboración, como se lee en los libros de Margaret Mead, por ejemplo.

Decimos todo esto para que se entienda que no es tan fácil y tan sencillo elaborar una idea y decir "el ser humano". El ser humano como tal no existe. Existen reglas de juego psicosociales, psicogenéticas y psicofísicas que constituyen una amalgama en el crecimiento del bebé.

En principio, ese bebé crece en un medio, en un lugar, en una situación, en una familia y con alguna gente. Esa gente tiene un lenguaje, una manera de ser, una manera de vivir, un status socio-económico, una manera de preferir cosas y desechar otras, una manera de comer, de preferir ciertos alimentos y no otros, de beber, de salir a pasear, de organizarse, de trabajar...

Son todos valores, creencias, son el piso bajo los pies, como dice Ortega, en el que no se piensa cuando se camina, pero si no existiera sería imposible caminar.

¿IMPONER?

Entre los múltiples elementos que configuran todo el entorno psicocultural están los elementos científicos y los elementos éticos.

Los elementos científicos son los del conocimiento. A través de ellos transmitimos ideas, datos registrados por la ciencia y nos permiten explicar, por ejemplo, por qué llueve o cómo se forma el arco iris.

Los elementos éticos tienen que ver con los de las buenas conductas, de los cuales ya hemos conversado: ahí prevalece el modelo de comportamiento, de la vida cotidiana, y no especialmente el de los días de fiesta.

Así y de muchas facetas más se constituye la experiencia humana, ora exterior, ora interior. También lo religioso o trascendente o metafísico es parte de este complejo de crecimiento.

El elemento religioso tiene que ver con la religión que la familia profesa en una forma mediata o inmediata.

Resulta que en los ámbitos pedagógicos hace rato uno se viene preguntando en general si estamos autorizados a educar. Porque educar en primera instancia es *imponer* ideas, conceptos, inclusive el lenguaje que hablamos y que contiene una concepción determina-

> Educar en primera instancia es *imponer* ideas, conceptos, inclusive el lenguaje que hablamos y que contiene una concepción determinada del mundo.

da del mundo, más nuestro respeto por las matemáticas y nuestro respeto por la lengua en este caso castellana, y la sintaxis, y las reglas ortográficas. Todos esos son valores para nosotros.

Educamos sobre la base de valores. Y ellos merecen ser revisados y entendidos, al ser revisados, como un mero consenso o una tradición en la cual nos venimos manteniendo o repitiendo rutinariamente. Porque, en última instancia, se trata de una fe: creemos que es bueno escribir español con buena sintaxis, con buena gramática y, si fuera posible, también con buena semántica.

LA DECAPITACIÓN DEL REY AQUEL

Félix de Azúa, en *El aprendizaje de la decepción*, relee lo que aconteció en 1793. Fue el 21 de enero. Decapitaron en la guillotina a Luis XVI. Fue ajusticiado por Francia, por el pueblo.

"Ahora —comenta el autor— ya no habría más reyes. Algunos jefes de partido simularían ser reyes durante un tiempo, seguirían disfrazados hasta la Primera Guerra Mundial, cien años más tarde, pero sin convicción".

El rey decapitado era rey en nombre de Dios, en nombre de las leyes eternas. Por eso su desaparición produjo el caos, la sensación de vacío y locura.

"Sólo era un hombre, pero era el punto de unión de veinticuatro millones de hombres. Por tal razón el estupor fue universal".

Los que vengan después serán poderosos, pero hombres como uno, como el sirviente que tendrán postrado a sus pies. Iguales en última instancia. Circunstancialmente diferentes. Ha estallado la igualdad, porque ha desaparecido El Rey, y ya no volverá.

A partir de ahí es que se vislumbra el gran derrumbe. Estaba desnudo ese rey para que pudieran decapitarlo. Estaba des-divinizado, y entonces era alguien más, y se lo podía ejecutar.

"Aquellos millones de hombres tenían ahora que encontrar otro punto de unión, otro hombre verdadero, o aceptar una idea horrible: que estaban solos".

De ahí en adelante todos son y somos alguien más, y nada más. Nada supremo. Dios existe pero no gobierna. La máquina y el egoísmo exitoso excluyen a Dios. Cuando el yo quiere ser dios, lo demás se desmorona.

A eso se refería Nietzsche cuando pronunció la terrible frase: "Dios ha muerto". No dijo "Dios no existe", sino que ya no vive entre nosotros. La gente lo busca en templos, o en el Himalaya, en bosques o desiertos. Si no está aquí, contigo, en esta vida que es la única real, es inútil ir a buscarlo a lugares extraordinarios.

Se decapitó al Rey y junto con el Rey se decapitó a la autoridad y junto con la autoridad se decapitó a la fuente de toda autoridad, es decir Dios, y en consecuencia faltó el ensamblaje de la fe que implica la religión.

Es entonces cuando surge una nueva humanidad, fundamentada en una fe que reemplaza a la anterior y es la fe absoluta en la razón y en la ciencia, según insinuamos previamente. Esta fe es una fe aunque se considera anti-fe, es decir, anti-religiosa. Es la religión del humanismo: creer en el hombre y sólo en el hombre, porque si se lo deja libre, desde su racionalidad logrará modelar un mundo mejor, de paz, justicia, pan y trabajo para todos.

Era un programa hermoso. Cabe preguntarse por qué fracasó y, no sólo no logró sus objetivos, sino que fue seguido de guerras, matanzas, holocaustos únicos en la historia.

El humanismo, hijo de la Ilustración, creía en el hombre en cuanto creía en la educación del hombre, de todos los hombres. Si todos fueran igualmente educados, tal vez serían menos resentidos, tal vez supieran controlar sus emociones destructivas, y tendríamos esa utopía del bien universal para todos por igual.

Eso, la educación universal, no fue previsto por el humanismo. Dejó establecido el ideal "viva el hombre, muera Dios", y se fue a dormir la siesta.

¿QUIÉN SE ACUERDA DE MONSIEUR HOMAIS?

Monsieur Homais, el farmacéutico de alma puramente científica de *Madame Bovary*, de Gustave Flaubert, razona con toda serenidad:

"Mi Dios es el dios de Sócrates, de Franklin, de Voltaire y de Béranger. Soy partidario de la profesión de fe del Vicario saboyano y de los inmortales principios de 1789. De manera que no admito como Dios a un señor que se pasea por su jardín con un bastón en la mano, mete a sus amigos en el vientre de las ballenas, muere lanzando un grito y resucita a los tres días: cosas absurdas en sí mismas y completamente opuestas, por los demás, a todas las leyes de la física...".

Discute con un sacerdote De Bournisien que le dice:

"Lo absoluto no ha hecho más que desplazarse, la religión lo sitúa en el cielo, el cientificismo liberal lo coloca en la razón humana".

Continúa analizando Alain Finkielkraut en *Las sabiduría del Amor*:

"La lucha contra el oscurantismo de la cual se esperaba una maduración del hombre, no condujo en realidad más que a un cambio de tutela. En lugar de estar la revelación sometida al trabajo destructor de la razón, es la razón la que llega a convertirse y petrificarse en verdad revelada. Homais... a los prejuicios de la Iglesia replica con otros estereotipos.

...Nadie razona, todo el mundo recita: librepensadores y clericales no son más que los receptáculos inertes de proposiciones inculcadas en ellos por una sabiduría colectiva. El no pensamiento reina hasta en los sistemas explícitamente destinados a combatirlo. Derrotada en cuanto contenido religioso, la revelación triunfa como proceso mental".

Tanto el científico como el clerical son absolutistas ciegos, "machacan fórmulas aprendidas de memoria y proclaman en un lenguaje casi litúrgico su adhesión sin reservas a la marcha de la historia. Para cada acontecimiento encuentran en su libro sagrado la máxima o proverbio correspondiente... Apenas comienzan a decir una frase ya sabe uno cómo va a terminar... Se obedece en lugar de reflexionar, la credulidad se impone al espíritu de examen...".

"La entrada en crisis de la conciencia caracteriza a la edad moderna por lo menos en la misma medida que la emancipación de la razón. La disolución de la interioridad corre pareja con la crítica de la autoridad. El sujeto humano reivindica la iniciativa y se sitúa en el origen de la sociedad, del conocimiento y de la ley... Pero apenas llega a conscebirse como realidad distinta, liberado... el hombre se encuentra encadenado por los lazos del condicionamiento... Ya no es dueño de sí mismo, ignora sus verdaderos móviles...".

Todo esto implica descompromiso, el otro no dice lo que dice sino otra cosa, pero al escuchar lo que dice, no puedo comprometerme porque no puedo asumir mi no ser. La sospecha sistematizada nos vuelve sordos. Paradójica sordera de la escucha superior.

El hecho es que la propuesta de una educación universal, nutricia, y de una justicia igualitaria, figuran, sí, pero en las constituciones, en las proclamas de los políticos, pero jamás en la vida real. La concreta y real vida se divide entre los que tienen techo y los que no lo tienen; entre los que van al mercado y eligen libremente qué quisieran comer, y aquellos que van al mismo mercado condenados a elegir tan sólo lo que sea barato y abundante.

MITOS SÍ, PERO AQUELLOS QUE AYUDEN A VIVIR

Por eso estamos mal. Porque fuimos engañados, defraudados. Por eso la violencia. Fruto del resentimiento.

Nos prometieron un mundo feliz. Nos engañaron. Nos quitaron a Dios pero a la ciencia no llegamos. Algunos elegidos, privilegiados, llegaron. Los demás permanecen en las sombras de la ignorancia, del miedo, y de la consecuente violencia.

No engañéis más, digo yo. Abandonad todos los mitos. Y volved a elegir los más apropiados a la realidad visible.

Y no digáis, por favor, como aquellos brillantes pensadores que con tono de profundidad preguntan:

—¿Dónde estaba Dios en Auschwitz?

La pregunta es otra:

—¿Dónde estabas tú en Auschwitz?

Dios significa la exigencia de tu comportamiento ético. Y el misterio del ser.

La historia, lo que sucede y nos sucede, es nuestro o de la naturaleza. No uses a Dios para justificar tus desgracias o tus caídas. Para justificar tus éxitos no lo usas, porque son todos tuyos y de la grandeza de tu talento y personalidad.

El que cree en Dios debe dejar a Dios en paz, porque el camino es ante todo unidireccional, de Dios a ti que te pregunta, como a Adán:

—¿Dónde estás? ¿Qué estás haciendo? ¿Crecés o simplemente perdurás en el tiempo?

El religioso cree que debe responder a esas preguntas.

El origen de nuestra desdicha

Hector Tizón, en su relato *Extraño y pálido fulgor*, le hace decir a un personaje:

"Nuestra desdicha proviene de no tener la certeza de que Dios existe, por eso el misterio de la vida a veces nos duele y nos angustia".

Otro individuo le responde:

"Déjate ir, sólo encontrarás a Dios si no tratas de poseerlo. Dios es como una idea ignorada; permanece oculto, preso y mudo en nuestro corazón, como nuestro destino, como un sueño que no recordamos; hasta que logra salir del encierro en que lo tuvimos confinado y entonces, como sucede con el dentífrico cuando sale del tubo, ya no lo podemos volver a meter: ya es libre y nos hace libres y ya no podemos vivir sin Dios".

Tizón dice que a su personaje "esta imagen de Dios como una pasta dentífrica le había llegado hondo; eso sí tenía, se dijo, una verdadera realidad, una justa carnadura y podía estar presente como una figura en un espejo".

Creer no es saber. Somos racionales. No podemos dejar de serlo. El que cree e inmoviliza el cerebro ni cree ni nada. Vivimos creyendo y pensando. Son dos funciones inevitables.

Creer y dudar no se contraponen. Uno quiere saber a ciencia cierta y Dios siempre se nos escapa, como el agua entre los dedos...

Un universo de símbolos

Hoy, en el año 2000, ya diversos y múltiples estudios inciden en que también la razón, la racionalidad y la ciencia están condicionados por un relativismo de la época de los tiempos, de los consensos entre los científicos e inclusive de la incidencia, según el principio de Haisenberg, que tiene el investigador sobre su objeto. Por lo tanto hay como una irradiación subjetiva sobre lo objetivo y una especie de tendencia a que los resultados de la ciencia sean un poco los resultados que nosotros esperamos de la ciencia.

Es decir que inyectamos en la ciencia, tan objetiva ella, tan fuera de mi persona y de mis anhelos, esperanzas, pasiones y ambiciones también. En consecuencia, la ciencia se vuelve más y más en estos últimos siglos una de las tantas visiones, quizás la más importante por ahora del mundo, pero igual una de las tantas. Con ello se logra que haya otras visiones o el derecho a otras visiones de otras culturas armadas de otra manera y sobre otros principios.

Eso favorece, por lo tanto, a que la religión que fue expulsada con sumo desprecio como opio de las masas, por Marx o *El porvenir de una ilusión* por Freud y tantos otros escritos que de alguna manera llamaban a escándalo y a burla a principio de siglo y a mediados inclusive dentro de la filosofía existencialista de Martin Haidegger y Jean-Paul Sartre.

La religión de pronto recupera su lugar en la cultura dentro del marco que Ernest Cassirer llamó *las formas simbólicas*.

Nuestro mundo, enseña Cassirer reflejando el espíritu de nuestro tiempo, es un universo de simbolismos, que ora son científicos, ora son poéticos, ora son pictóricos estéticos, ora son religiosos.

Pareciera que cada sistema de expresión simbólica —la ciencia, la poesía, el baile, la religión, la pintura, etcétera— capta un sector de la realidad y lo expresa, y por lo tanto no merece comparación con otro sector porque sería algo así como comparar este aparato que estoy usando ahora para escribir con una pelota de fútbol. La comparación es absurda, es imposible, así como también en el área del arte no se puede comparar —enseñaba Benedetto Croce— una sinfonía, con un poema o con *La Gioconda* de Leonardo Da Vinci.

LAS RAÍCES DE OCCIDENTE

En definitiva, lo que queremos decir es que, desde la misma ciencia, la religión es entendida como elemento primordial de cultura que merece y debe por lo menos ser conocido. En el caso de que quien se adentre en ella alcance grados de fe, esa ya es una consecuencia que no podemos prever y que no nos compete en este caso predicar.

Sí nos interesa predicar que la educación de tus hijos no sea trunca, que no les quites un elemento tan esencial como es el religioso, por el cual la humanidad en todas sus facetas y culturas ha venido transcurriendo hasta el día de hoy, un elemento en el nombre del cual se ha derramado tanta sangre.

Ese elemento, en nombre del cual se ha derramado tanta sangre a lo largo de los siglos, se trata también de un elemento riquísimo en historia, riquísimo en evolución, riquísimo en razón de ser, de nuestro ser y de nuestros valores.

Porque si bien es cierto que Occidente se vanagloria de descender de las fuentes culturales de la antigua Grecia, canalizadas luego a través de la antigua Roma, lo cierto es que nuestros valores vitales, los grandes pilares sobre los que reposa el punto de vista sobre la existencia, el cosmos y nuestro puesto dentro de él, es decir qué debemos hacer y cómo hemos de vivir, todo ello deriva del mundo religioso, del monoteísmo judeo-cristiano y de su libro básico, la *Biblia*.

Esto lo analiza con suma claridad Isaiah Berlin —un intelectual que, hay que decirlo, no era particularmente religioso— en su libro *Las raíces del romanticismo*.

Berlin confronta la cultura de la *Biblia* con la grecorromana: "Encontraremos un modelo dominante completamente distinto, un conjunto de ideas diferentes que hubieran sido incomprensibles para los griegos. La noción en la que se origina el judaísmo y el cristianismo es, en gran medida, la de la vida en familia, de las relaciones entre padre e hijo... el amor de los hijos por el padre y la madre, la hermandad entre los hombres, el perdón, los mandatos de un superior dirigidos a un inferior, el sentido del deber, la transgresión".

Sobre todo las nociones de deber, de responsabilidad, de compromiso en las que se sustenta nuestra ética, creyentes o no, son ideas desconocida en la Grecia filosofante y nacen de los textos bíblicos y del hombre ante el hombre, y de ambos ante Dios. Porque para deber, hay que deber-le a alguien. Además se necesita una garantía de un tercero, alguien, en este caso la justicia divina, que nos contemple y fiscalice.

> No importa el discurso, lo que uno dice acerca de qué cree uno, sino que es la conducta la que, quiéralo o no, hace ver en qué valores se apoya tu existencia.

De modo que no importa el discurso, lo que uno dice acerca de qué cree uno, sino que es la conducta la que, quiéralo o no, hace ver en qué valores se apoya tu existencia.

Diría yo que no es indispensable que usted sea religioso, o sepa de religión, ya que lo esencial es que viva religiosamente, en última instancia con ética y amor. Sólo que, repito, ética y amor no admiten ni análisis ni fundamentos racionales. Son actos de decisión, de fe, de entrega, de algún más allá con el que manipulamos el más acá.

FALSOS PLANTEOS

Y mientras seamos hombres y existamos como tales, hay una perspectiva que es una perspectiva desconocida, una perspectiva metafísica, que está más allá de los elementos físicos, como decía Aristóteles. En esa perspectiva es donde se mueve la religión.

La fe no puede provenir de un dogma o de que yo te dé clases y te explique bien cómo fue y cómo es la evolución del judaísmo o del protestantismo. Eso no va a producir fe; puede producir conocimiento, reflexión, ideas, pero también puede inspirarte para algún tipo de fe de la cual yo no me hago responsable pero no tenemos derecho a la negación y a la ignorancia.

Creo que la pregunta esencial:

—¿Puedo yo educar a mis hijos en la religión?, merece entre otras esta respuesta:

—Para el resto de los temas, ¿se preguntó usted si estaba autorizado a educar a sus hijos en ellos?

Un pedagogo alemán, Kerschensteiner, ya a principios de siglo se preguntaba si en general teníamos derecho a educar.

Por lo tanto, ya que cuestiona el Big Bang, ciencia mezclada con la historia bíblica del comienzo, la respuesta a su pregunta podría ser:

—Es deber de usted hacerlo, si es que esa religión usted la heredó de sus padres o la eligió espontáneamente en su hogar; si esa religión se manifiesta en la vida cotidiana no hay que hacer grandes esfuerzos para imponerla, sino que la vida cotidiana ha de llevar a sus hijos por el camino natural y sin alharaca de sus padres. Así como en vacaciones van a la playa entonces en semana santa van a la iglesia, y el chico lo va a aceptar como un hecho natural de su casa y así, con naturalidad, se irá empapando de esos elementos.

DEL DERECHO AL DEBER

Pero lo que yo sugiero a los padres efectivamente no son sólo esos actos que deben ser tomados como algo natural, sino que, al mismo tiempo, procuren interiorizarse en esa religión, estudiarla, saber más de ella, para poder distinguir cáscaras de granos, elementos accidentales y a veces brujeriles de lo que es la verdadera esencia de una religión cuyo meollo siempre es la educación del hombre, su enaltecimiento y su crecimiento, y lo demás, como dicen en América Latina, es paja.

En caso de que la familia no profese religión alguna, entre sus planes educativos debería figurar también visitar iglesias, templos, mostrar rituales y charlar con los hijos al respecto, porque de una realidad tan grande, que ocupa tanto espacio y a tanta gente en el mundo, no hay derecho a que el hijo de uno quede fuera, y después el que lo ilustre sea algún fanático o algún bruto en materia de conocimiento, y reciba una distorsión en lugar de una verdad.

Nuestro deber, como padres, es educar, y educar es educar en todo lo que es realidad humana. Y ese educar por una parte es un derecho y por otra parte es un deber.

LOS ASPECTOS DE LA REALIDAD

Para entender a fondo el tema de las múltiples perspectivas que tienen las cosas, y que tenemos nosotros sobre las cosas y sobre nosotros mismos y nuestra vida en este planeta, apelaremos justamente al libro de José Ortega y Gasset, *Origen y epílogo de la filosofía*, quien dedica, en el capítulo II, preciosas reflexiones al respecto.

Cuando miramos algo, imagínese que fuere la pared —enseña el pensador— tomamos una imagen de eso que vemos. Luego, en otro momento, volvemos a mirar el mismo objeto y vemos elementos o detalles que antes no habíamos percibido. Y así sucesivamente. Cada mirada es una perspectiva sobre el mundo, sobre la cosa. Porque en cada mirada captamos tan sólo un aspecto del objeto, y otros aspectos quedan postergados para próximas miradas.

Por eso dice Ortega: "Yo no he acabado nunca de ver una hoja". Luego explica: "El aspecto pertenece a la cosa, es un pedazo de la cosa. Pero no es sólo de la cosa: no hay aspecto si alguien no mira".

Si no hay naranja, no puedo ver un aspecto de la naranja. Tampoco se verá si hay naranja pero yo no la miro. Entre el sujeto de la mirada y la cosa en observación se forma el aspecto, entre los dos lo establecemos.

"En efecto, pertenece a la Realidad tener aspectos, respectos, y en general perspectiva, ya que pertenece a la Realidad que el hombre esté ante ella y la vea".

La perspectiva es el punto de vista que asumo frente a la realidad. A la naranja puedo mirarla de cerca, de lejos, de arriba, desde un costado, en un cono de sombra. Cada vista será diferente, porque parte de otra perspectiva.

¿Qué es, pues la verdad?

Ni es una copia de la cosa, como decían los antiguos. Ni es una construcción de la cosa, como sostenía Kant. Es una interpretación de aquello que contemplamos o estudiamos.

Todo esto viene a cuento para entender que la religión es un aspecto de la realidad, una perspectiva, una manera de mirar desde cierto ángulo, el ángulo de la trascendencia, según el cual todo lo que vemos, tocamos, hacemos no es más que la cáscara de la nuez de la Realidad. Dentro de la cáscara se oculta lo in-visible, que sin embargo nos permite interpretar todo aquello que la ciencia de las cosas y objetos materiales no alcanza a descifrar.

> La religión es un aspecto de la realidad, una perspectiva, una manera de mirar desde cierto ángulo, el ángulo de la trascendencia, según el cual todo lo que vemos, tocamos, hacemos no es más que la cáscara de la nuez de la Realidad. Dentro de la cáscara se oculta lo in-visible.

A mí la ciencia me explica cómo cierto espermatozoide fecundó cierto óvulo, y a partir de ahí se hizo el feto que creció y terminó siendo yo, un nombre con un apellido, con una actividad, etcétera.

Pero yo necesito también saber si mi existencia es o no indispensable, si tiene un sentido. Lo que la ciencia enseña es la causa, el porqué. Yo quiero saber para qué. La pregunta es religiosa y durante toda la vida la iré practicando.

Porque el saber del conocimiento científico da certezas. La fe, en cambio, ha de renacer día a día.

DIALOGANDO CON NIKOS

Un día me dijo Nikos:

—Vos sí que no tenés problemas...

Era el aperitivo, bastante suave, vermut, aceitunas, caracoles y salmón ahumado, cortado en pedacitos. Estábamos en la Costanera, recuerdo, con suave sol de primavera incipiente. Yo con los caracoles no me llevo, con el resto sí.

Lo miré, asombrado.

—¿Por qué se te ocurrió decir eso? —pregunté, y mientras él se tomaba su tiempo, yo tomé todo mi vermut.

—Porque sos religioso, y ustedes, los creyentes, duermen tranquilos, porque Dios los protege.

Casi me atraganto con el carozo de la aceituna, tal fue la furia que me azotó en pleno rostro.

—Me extraña, Nikos, que un tipo culto como vos diga tamañas pavadas. ¿Y vos, acaso, no sos creyente?

—No —replicó con voz calma, dulce—, yo soy ateo o agnóstico, como prefieras. A mí sólo la razón me satisface.

—¿No me digas? Lo que pasa es que nunca leíste *El azar y la necesidad*...

Me miró, perplejo.

—¿Y qué dice ese libro de Poincaré? —chilló esta vez.

—No es de Poincaré —lo corregí con sumo placer, para humillarlo— aunque sí es de un francés, y en eso la pegaste. —La ironía se me colaba entre los dientes de carnívoro. —Es de Monod. Y lo que Monod dice es que finalmente también la razón está sostenida en una creencia que mantenemos, la de que la verdad es el valor superior.

—¿Y no lo es acaso? —gritó Nikos, con un caracol casi atragantado.

—Lo es, siempre y cuando nosotros creamos que lo es. ¿No te das cuenta de que debajo de todo saber hay un creer?

—Pensándolo bien... tal vez tengas razón. Pero vos tenés que entender que mi sangre griega me impide aceptar tu semítico mundo.

Me dolió lo de semítico. ¿Nikos antisemita? —me pregunté. Le eché una mirada llena de tizones ardientes. Se dio cuenta.

—Perdoná, se me fue la mano... —se disculpó.

—Hacés bien. El origen fue semita. Ahora ya es de todo el mundo occidental, que juntó la fe de Oriente con la razón helénica y así configuró esta realidad que somos y que dividimos entre cosas, valores y personas. Las cosas son de la ciencia, los valores de las creencias y las personas son los sujetos que no quieren morir y buscan un más allá...

—¿Qué va pasar en el más allá? —se interesó Nikos, desesperado—. ¿Hay más allá? Contame, contame...

—Nunca estuve... Pero lo que tenés que entender es que el religioso es el ser que busca y el científico el ser que encuentra. Uno sabe, otro cree, espera. La esperanza es el alimento de la religión. Ahora te das cuenta de que sí tengo problemas, porque estoy en perpetua búsqueda del otro lado de las cosas. Sos vos el que dormís la siesta como un plomo, porque no te angustia la inmortalidad, la maternidad. El religioso, como dice Unamuno, vive en agonía, término griego que significa lucha, combate. Consigo mismo, creer, dejar de creer, volver a creer.

Él escuchaba y comía, limpiando pulcramente los platos, uno tras otro. Aproveché ahí mismo para sacar de mi mochila un libro de Unamuno, *Niebla*, y leerle:

—"Los hombres no sucumbimos a las grandes penas ni a las grandes alegrías, y es porque esas penas y esas alegrías vienen embozadas en una inmensa niebla de pequeños incidentes. Y la vida es esto, la niebla. La vida, una nebulosa".

Silencio.

—¿Sabés qué? —me dijo Nikos. —¿Y si cambiamos de tema?

—¿Cómo ser?

—Mirá, estoy por comprar un perrito...

CAPÍTULO VI

CRECIMIENTO: DEL MIEDO AL AMOR

LA RELIGIÓN NO ES UN NEGOCIO

Este es el camino de la vida y del progreso humano, del miedo al amor. Por no perder el amor de sus padres, es decir por miedo, el niño se ajusta a sus normas, deseos, reclamos, y de ese modo se va educando en lo permitido y lo prohibido.

Cuando sea grande aprenderá a estudiar por miedo al fracaso, a la mala nota, a perder el año, más la reprobación de sus padres.

El miedo es lo que moviliza al hombre de las cavernas a ligarse con otros hombres, y formar familia, tribu, para estar juntos, apoyarse mutuamente y defenderse mejor de los enemigos.

A medida que se crece, aparece el amor como gran motor de la vida y sus valores. Precisamente el amor es confianza, y por tanto negación de todo miedo, entrega des-interesada.

El miedo nos hace socios. El amor nos hace pareja, familia, hogar.

Toda religión progresa, como la vida misma, del miedo al amor. Primero el miedo a Dios, que castiga si no se cumplís sus mandamientos, si no rezás, si no vas al templo, o remunera con bondades cuando sos un fervoroso creyente que al pie de la letra sigue las indicaciones de la religión.

Esa es la religión vista como un negocio. Te doy, Dios, para que me des. Te rezo para que mi negocio sea próspero, para que la salud ande bien, para que a los chicos no los echen del colegio, para que mi esposo deje de reprocharme porque no me hago lifting... Esa es la religión de intercambio de bienes. Si yo creo, Dios me bendecirá, y ganaré en la ruleta o en el loto.

Al respecto cuenta la *Biblia* el caso de Job.

EL HOMBRE DE LA TIERRA DE UTZ

Esta es la historia de Job, el hombre de la tierra de Utz, territorio de sabios y pensadores.

Job era un hombre de fe y de sufrimiento. La *Biblia* nos muestra una escena en el cielo. En el medio está Dios, alrededor se despliegan los ángeles. Al final del lado siniestro está él, como los demás, pero juega a ser el último: Satán. Es el clásico juego de los poderosos, disimularse entre sombras.

Están para el informe. Los ángeles son mensajeros, voces acerca de nuestras voces, ojos acerca de nuestros ojos, testigos que narran a Dios lo que sucede en ese mundo que Dios creó pero que los hombres hacen cotidianamente.

Lo mismo hace Satán, el ángel enemigo del hombre, el llamado posteriormente diablo, desde ese último lugarcito del grande que porque es grande no necesita manifestarse grande. Y no es que sea más grande que los demás, pero le habla a Dios desde la altura de Dios, sin minimizar su voz, ni declinar posiciones.

Cada ángel tiene un punto de vista. Satán tiene el suyo. Los demás escarban entre los escombros de la realidad para hallar alguna que otra gema de bien. Satán sostiene que aun esas gemas son apariencia, que no hay bien, que lo humano es un dechado de egoísmo y cuando no lo es se debe a que el show de la bondad se ha vuelto su mayor arte. Sostiene que no hay hombre que crea realmente en Dios. Los hombres, sostiene, son religiosos porque les conviene, porque así Dios los protege y les da riquezas y bienes varios.

Dios le dice:

—Pero ahí tienes a Job, un hombre creyente, pero totalmente íntegro, puro.

Satán le responde a Dios:

—¿Te parece? —sonríe irónicamente Satán—. Veamos, ¿qué pasaría si a Job le quitas todos sus bienes, ya que es un hombre muy rico y poderoso? ¿Acaso seguiría creyendo en Dios o lo maldeciría?

Dios le replicó:

—Acepto el reto. Te autorizo a que le quites todos los bienes, y veremos qué sucede.

Fue entonces Satán y destruyó los campos, los animales, las casas y todas las cosas de Job. Sin embargo Job no maldijo a Dios, y siguió creyendo en él.

—¿Viste, Satán, que tu tesis ha fallado? —se burló Dios.

—La prueba aún no se ha completado —replicó con voz de ira Satán—. Quítale sus otros bienes.

—¿Qué bienes, si ya nada le queda?

—Le quedan sus hijos y sus hijas... —sugirió el ángel, el mensajero.

Dios accedió.

Y así fue que murieron los hijos e hijas de Job. Pero Job siguió manteniéndose fiel a Dios.

—Y, ¿qué me dices ahora, Satán? —interrogó Dios.

—Te digo que un hombre es capaz de sacrificar cualquier cosa, menos a sí mismo.

—¿Qué estás proponiendo?

—Propongo que Job sufra en carne propia, en su cuerpo, que pierda el bien de la salud...

—Acepto —dijo Dios— pero respeta su vida, no le toques el alma.

Job se enfermó; toda suerte de pestes se acumularon sobre él. Y se volvió leproso. Y estaba sentado en el suelo sobre cenizas. Pero su fe en Dios se mantenía firme y absoluta.

Vino la esposa y le dijo:

—¡Esto no es vida, Job! ¿Aún sigues creyendo en Dios? ¡Más vale maldecirlo y morir!

Job le contestó:

—Mujer, ¿crees que sólo lo bueno hemos de aceptar de Dios y lo malo hemos de rechazarlo? Si aceptamos lo uno, hemos de aceptar lo otro.

Y siguió conservando Job su religión.

AMIGOS EN APARIENCIA

Los amigos de Job se enteraron y vinieron a visitarlo desde remotos lugares, porque lo apreciaban mucho, porque él siempre les había dado consejos favorables.

Le hablaban, lo consolaban, le decían que él, un hombre sabio, debería saber que todo lo que sucede tiene alguna causa, y que si fue tan castigado es porque seguramente cometió algún mal, algún pecado del que Job no tiene conciencia.

Job los rechaza, y también rechaza sus argumentos. Él cree en Dios, pero no acepta esas razones que los amigos le dan. Él sabe que no ha cometido pecado alguno y por lo tanto quiere hablar con Dios, preguntarle por qué ha de sufrir tanto.

Los amigos se retiran, se van. No pueden seguir hablando. Job prefiere estar en silencio. Cuando se queda solo le habla a Dios y le pregunta por qué ha de sufrir un hombre que no ha cometido mal alguno.

Dios le dice:

—¿Dónde estuviste cuando puse los fundamentos del mundo, cuando creé los astros y los monstruos marinos?

El discurso de Dios le demuestra a Job que esto que él quiere entender, su sufrimiento, es inentendible porque en general Job no entiende nada. El mundo, la creación, el cosmos es un misterio que emergió de la mente de Dios, y hasta que Job no descifre ese misterio tampoco podrá descubrir la razón de su sufrimiento.

Job tiene que resignarse. Efectivamente, no entiende.

El libro cuenta que finalmente Job, como si fuera una gracia de Dios, volvió a tener hijos, y a tener riquezas, y murió longevo y tranquilo, feliz.

ÁNGELES, DIABLO, INFIERNO

Si quiere puede releer el relato más completo en la *Biblia*. También hay un libro de Jung sobre éste tema, si le interesa.

Quiero tan sólo analizar con usted algunos elementos del relato.

Primero: ¿Qué son los ángeles? Son mensajeros. Eso significa el origen de la palabra en griego, y también en hebreo. Enviado, pero para dar o traer un mensaje.

No le quito a nadie el derecho de creer en seres alados que nos protegen o nos cuidan o nos siguen. Es parte del folclore propio o del folclore popular.

En la educación de nuestros hijos, digo yo, más vale no poblarles el mundo con fantasías *que no son parte de la religión* sino de los deseos humanos o de la proyección poética o mitológica.

Ninguna religión exige creer en ángeles. Y si ustedes creen en ellos, insisto, es su derecho, es cosa privada, y más vale que los hijos se nutran de lo máximo de racionalidad, y luego por cuenta propia, si quieren que abreven en otras fuentes y creencias secundarias.

Lo mismo vale para la figura del Diablo, llamado Satán, que significa en hebreo enemigo. La tradición cuenta que su primera aparición se da en forma de Serpiente cuando tienta a Eva a comer del árbol prohibido. Es la tentación hacia el mal, hacia la transgresión, hacia el pecado.

Ciertos comentaristas no aceptan que el Diablo sea una figura, un ser, sino que una fuerza que hay dentro de cada uno, una tendencia a hacer el mal, versus la tendencia positiva a hacer el bien. Por eso cito una y otra vez a Pablo de Tarso, quien describía esta lucha en estos términos: Al demonio lo llevamos dentro, y hay que pelear contra ello.

Es lo que hace Job. El demonio quiere que reniegue de Dios, que lo abandone, porque el demonio quiere que consideres a Dios como un socio para hacer negocios, y si falla el negocio es porque te falla Dios.

Pero Job no hace negocios. Pierde todo, pero sigue creyendo. Sin embargo no cierra los ojos sometiéndose al destino. Es un rebelde. Pregunta. Quiere entender. Ese gesto es el que vale. El hombre debe querer entender.

Lo que el libro muestra es que Dios castiga a los amigos de Job, porque repiten frases hechas y creen entenderlo todo; y en cambio rehabilita a Job porque Dios ama al rebelde, al que pregunta, al que quiere saber.

Tener fe no significa descerebrarse. Significa, como decían en latín, *fides quaerens intellectum*, la fe que busca la razón. Aunque la busque toda la vida y no la encuentre. Grandes personas bíblicas, como Job o Abraham, dialogan con Dios y le reclaman entendimiento. Finalmente aprendemos que no podemos captar lo infinito ni la razón de Dios. Pero el intento no puede frustrarse, anularse.

> Estamos para preguntar más que para responder. Si los hijos preguntan sobre el sufrimiento, sobre Dios, sobre el mal, no los acalles con razonamientos baratos y fáciles. Diles la verdad, la de tu conocimiento. Y si no diles la verdad de la verdad: cada uno está destinado, a buscar sus propias respuestas.

Estamos para preguntar más que para responder. Si los hijos preguntan sobre el sufrimiento, sobre Dios, sobre el mal, no los acalles con razonamientos baratos y fáciles. Diles la verdad, la de tu conocimiento. Y si no diles la verdad de la verdad: cada uno está destinado a buscar sus propias respuestas. Estimula sus preguntas, pero no le regales respuestas prefabricadas.

QUÉ NOS ENSEÑA EL PLANTEO DE JOB

La mentalidad de la religión como inversión económica queda completamente descartada en este relato. Job sigue creyendo aunque le vaya terriblemente mal en la vida, en todo. La fe no está condicionada por los bienes que uno obtiene. Si gano plata o si leen mis libros, entonces creo; si no, dejo de creer o me cambio de religión.

La fe es entrega. Pero quiere entender. Esta es la grandeza de Job. No dice:

—Gracias, Dios, por todo lo que me sucede...

Eso sería imbécil, agradecer por el mal.

En cambio si dice :

—Dios, quiero entender este misterio. ¿Por qué fui tan castigado? ¿Dónde está el mal por mí provocado? ¿Cuáles fueron mis pecados?

La respuesta es notable:

—Deja de hacer cálculos de causas y efectos. Aquí hay una causalidad física. Conoces los caminos y el pensamiento humano, pero no los pensamientos de Dios ni su lógica ni qué es realmente el bien y qué es realmente el mal. En definitiva, no sabes nada, renuncia pues a querer entender.

Es inútil. Sólo esto debes aprender: el mundo de tus valores, qué es bueno, qué es dañino, qué es provechoso, qué es doloroso, es apariencia y debes desprenderte de ella. El hombre religioso, el hombre de fe, tiene derecho a la rebeldía, pero finalmente ha de entender que no ha de entender, y por eso es Dios el misterio, el infinito, también llamado La Nada, porque nada de tu vocabulario, de tu mentalidad, de tu comprensión podrá aprehenderlo.

EL AMOR NO PREGUNTA

Ese sería el resumen —que yo redacté— de lo que el Libro de Job deja en claro.

108

En consecuencia la religión no es un negocio. No te portes decentemente para que Dios te regale un departamento de cuatrocientos metros que mira al Río de la Plata. Ni te preguntes cómo es que ese rufián de enfrente de tu casa comete tantos atropellos y sin embargo todavía no se quebró una pierna, por lo menos.

Fe es creer, y no entender. Pero aquí la fe se desprende del miedo, del negocio, de la remuneración y pasa a un plano más alto, el del amor.

"Amarás a tu Dios con todo tu corazón, con toda tu alma, con todo tu poder."

—Con toda tu alma —explicó Rabi Akiva a sus alumnos, mientras los romanos lo estaban asesinando— aunque te quite el alma.

Así también lo vivió Jesús en la crucifixión.

El amor no pregunta. El amor adhiere. El amor cree. El amor espera amor. El amor no deja que la cizaña de la amargura te carcoma. Y quién lo probó, lo sabe.

El punto supremo de la religión, por tanto, no es el temor a Dios sino el amor a Dios. Pero esto exige un aprendizaje, un ejercicio constante, una agonía, como dijimos antes.

En la religión del temor, Dios es considerado una Cosa que se puede manipular, una especie de máquina de la cual uno conoce el mecanismo y sabe usarla.

En la religión del amor no hay libreto ni reglas ni mecanismos preestablecidos. El amor es misterio.

Es a la Persona, no a la cosa.

LAS DOS FUENTES DE LA RELIGIÓN

En la obra de Henri Bergson estas dos perspectivas, temor y amor, son explicadas en el marco social de su desarrollo. Son las dos fuentes de la moral y de la religión.

Se pregunta Henri Bergson, a comienzos de siglo, acerca de las fuentes de donde provienen las fuerzas máximas que ordenan la vida humana y le dan valores, es decir sentido: la religión y la moral.

Ambas de algún modo reclaman sometimiento. La religión es comunitaria, de grupos religados en un país o a través del mundo, sustentados en dogmas comunes. La moral es la coacción axiológica, como explica Freud en *El porvenir de una ilusión*, que

109

se da sobre los participantes de una sociedad. Nadie hace lo que quiere, sino que ante todo aprende lo que otros quieren que haga, y así se desarrolla.

¿Por qué obedecemos? —se pregunta Bergson en la obra citada. Obedecemos las órdenes de nuestros padres y dueños, no por ellos mismos, sino por su relación con respecto a nosotros; además adivinamos que son delegados de algo. Ese algo es la sociedad. El organismo social está compuesto por células ordenadas entre sí jerárquicamente, bajo una disciplina general a favor del todo. Esto requiere hábitos de obediencia, pequeñas y grandes obligaciones.

En la naturaleza, explica Bergson, hay leyes que los hechos obedecen, que es una manera de decir, pero así se nos presentan como naturales las leyes, algunas de la sociedad, ineludibles.

El hombre, aun cuando está solo, lleva dentro a toda la sociedad. Así Robinson Crusoe, y así cuenta también Kipling de un guardabosque que vivía solo en un bosque de la India, y que todas las noches se ponía un traje negro para cenar a fin de no perder, en su aislamiento, el respeto por sí mismo.

La trama de leyes es de hábitos. Los hábitos encarnan las creencias de una sociedad. Y son hábitos de ejecución de esas creencias o valores. Es la tecnología de la realización humana. ¿Cómo se manifiesta al otro simpatía? Dándole la mano, besándole la mejilla, sonriéndole. Simpatía es lo que se siente, y eso no es hábito. Hábito es el modo que tiene una sociedad comunicativa para expresar sentimientos, actitudes.

Cada hábito, por ejemplo los morales, tal vez sea contingente, pero su conjunto, es decir *el hábito para contraer estos hábitos*, estando en la base misma de las sociedades tendrá una fuerza comparable a la del instinto; esto es lo que llamamos "el todo de la obligación".

El todo es así porque involucra *a todos*. Si quiero cumplir con el valor de la generosidad he de obligarme a actuar de determinada manera que es la que todos usan, la habitual o rutinaria, porque caso contrario, si me invento la mía (en lugar de dar comida al hambriento, considero que sería mejor nutrir su alma, hablándole, o procurar que se la busque solo, colocando la comida en algún lugar recóndito y dándole un mapa para que se oriente), caigo en la in-comunicación, y probablemente también en el valor opuesto (crueldad) del que quiero realizar (solidaridad).

INTELIGENCIA E INSTINTO

Bergson explica que instinto e inteligencia tienen una raíz común, la de utilizar instrumentos. En los animales, los instintos vienen dados por la naturaleza. En los hombres, con el tiempo los instintos se van des-viando hacia horizontes varios (el de la procreación, por ejemplo, se vuelve sobre todo instinto de placer). La inteligencia se impone, dirige los instintos, y en cuanto a los instrumentos para gobernar el mundo y sobrevivir, los inventa.

En ambos casos los individuos se relacionan entre sí, en sociedad, o grupos de complementación ecológica, para una mayor ordenación y eficiencia. Para lo cual se necesitan reglas de convivencia, de distribución del trabajo, de jerarquías.

Lo único natural en el hombre es la necesidad de la regla. En los animales las reglas son en sí naturales. Ninguna obligación es instintiva, en el hombre, salvo el todo de la obligación. Es decir la necesidad de que haya obligaciones.

Bergson se atreve a considerar que individuo, familia, nación nada tienen que ver con la humanidad, como esencia o naturaleza de la misma. Lo cierto es que el "no matarás" vale para nosotros, entre nosotros, los que estamos en el mismo bando; pero es bueno matar al enemigo para preservar a alguno de los entes anteriores.

Este es el instinto primitivo: cohesión hacia adentro contra el afuera hostil. La hostilidad enemiga fomenta una mayor cohesión. Nos queremos tanto más cuantos más sean los peligros que nos acechan de afuera.

De la familia, dice el filósofo, no se llega a la humanidad, a esa idea abstracta y concreta a la vez según la cual todos los seres del mundo, letrados e ignorantes, ágrafos y civilizados, blancos y amarillos, son una unidad radical, llamada humanidad. Bergson anula pues lo que creeríamos que es un paso lógico: el avance del individuo a la familia, de la familia al grupo social, del grupo social a la comunidad, etcétera. Tal paso no existe. Terrenalmente ocupamos territorios y odiamos a los eventuales enemigos que quieran desterrarnos de ese territorio, sea este físico, profesional o social. "No nos une el amor sino el espanto", decía Jorge Luis Borges.

> Lo único natural en el hombre es la necesidad de la regla. En los animales las reglas son en sí naturales. Ninguna obligación es instintiva, en el hombre, salvo el todo de la obligación. Es decir la necesidad de que haya obligaciones.

¿SE PUEDE ORDENAR EL AMOR?

Freud, por su parte, en *El malestar en la cultura* afirmaba que "amarás a tu prójimo" es un mandamiento porque por vía natural el hombre no ama al prójimo, sino más bien lo recela u odia. Por eso es menester ordenar el amor, legislarlo.

Entonces cómo podríamos sostener el concepto "humanidad", se pregunta Bergson. Hay una sola vía, y es saliéndonos de los negocios de la tierra y de la supervivencia. Sólo por Dios, a través de Dios, o por la Razón llegamos al amor a la humanidad.

En todo tiempo surgen hombres excepcionales que aparecen para predicar por el amor y contra el odio. En esos profetas se encarna la moral absoluta, completa. La moral absoluta de la sociedad cerrada, obligatoria, se expresa en fórmulas impersonales: "ama a tu prójimo"; "no tendrás otros dioses"; "no robarás"... Se da en forma de imperativo, de ley universal.

Hay otra moral, y es personal. Se encarna en una personalidad que sirve de ejemplo. En la moral absoluta hay que someterse a la ley; en la personal, se puede imitar libremente, por determinación propia, por la atracción que ejerce el maestro, el santo, el líder. Es la persona que va detrás de la persona, se identifica con ella, y concuerda con ella en su actuar o tiende a imitarla.

Los santos no piden ni exigen ser seguidos, pero son seguidos. Son pastores naturales de gente. Pero no se trata de una manada, sino de individuos, cada uno en su ser personal, particular, libre.

Una es moral de obligación, la de presión; la otra es de vocación, de llamamiento, explica Bergson. La una es producida por la sociedad, la otra emana de una persona-modelo-ideal.

En la moral social, individuo y sociedad son una misma cosa, es la moral cerrada. La ley la comprime. La universidad obligatoria la define. No tiene escapatoria. De ella, precisamente quiso huir el filósofo Kierkegaard, considerando que la moral despersonaliza, y por eso, entendía, la personalización sólo puede hallarse en la religión.

UNA SOCIEDAD DE PERSONAS

En el caso de Bergson no se trata de anular o negar la sociedad, de considerarla un factor negativo. El sólo pretende una sociedad de personas. Eso que había dicho Moisés "un reino de sacerdotes", donde todos son sacerdotes, donde la igualdad consiste en el sacerdocio, en la santidad.

Obviamente la moral personalista es religiosa. Persona se es solamente ante otra persona, y no ante una masa anónima. Una persona ratifica a otra, dirá a fin de siglo otro pensador francés, Emmanuel Levinas. El rostro es espejo del rostro, lo exige, lo responsabiliza, lo reclama. Es un llamamiento que va y viene.

Pero a tal efecto se requiere de una tercera instancia, que es el nudo donde los hilos se atan, y ese es Dios. El personalismo no puede ser sino religioso. El lado emotivo es fundamental en el personalismo, la identificación.

Imitatio Dei, imitación de Dios. Moral y metafísica son dos expresiones de lo mismo. La moral es expresión de la voluntad, del querer, que se vuelve hacer, pero un hacer-como, ya que el modelo aquí prima. La otra opción existencial, o mejor dicho alternativa, es la metafísica donde lo que prima es la inteligencia, y su capacidad de penetración y comprensión que no se vuelca en actos sino en ideas.

LA CONEXIÓN ENTRE LAS DOS MORALES

En la realidad histórica ambas morales se interconectan. Una regala a la otra algo de su fuerza de imposición; la otra le da a su hermana algo de su perfume, comenta Bergson poéticamente.

Una, la social, la de todos, la legislativa, es presión; la otra aspiración (o, diría yo, inspiración). La naturaleza constituyó la especie humana; como todo acto de constitución de especies, éste fue una detención en la marcha; pero la humanidad está hecha de individuos y algunos no se detienen y siguen adelante, lo cual da la esperanza de que el círculo de la sociedad cerrada se rompa, que de tiempo en tiempo aparezcan individuos excepcionales dotados para ser imágenes-modelos que transformen el impersonal "se os ha dicho" por "yo os digo", que implica el compromiso personal.

No es predicando el amor al prójimo como se obtiene este tipo de moral profunda y libre. La verdad es que hay que pasar por el heroísmo para llegar al amor; y el heroísmo no se predica, se muestra, se ejemplifica, y su presencia conmueve, mueve a los demás, y se produce el contagio afectivo.

No es predicando el amor al prójimo como se obtiene este tipo de moral profunda y libre. La verdad es que hay que pasar por el heroísmo para llegar al amor; y el heroísmo no se predica, se muestra, se ejemplifica, y su presencia conmueve, mueve a los demás, y se produce el contagio afectivo.

La moral opresiva u obligatoria es la que nos viene de la naturaleza y está al servicio de la especie.

El hombre engaña a la naturaleza, por ejemplo, cuando realiza el sexo sin fines de reproducción. Del mismo modo la engaña cuando prolonga la solidaridad social en fraternidad universal. La inteligencia nacida para lo instrumental y práctico se dilató más allá de lo esperado. Entre una moral y la otra hay la distancia del reposo al movimiento; la primera es inmutable; la otra tiene la movilidad como principio. Por eso la primera es formulable, en términos, en mandamientos, en códigos y en mandatos. La otra, no.

Aquí prevalece lo oral sobre lo escrito. Jesús habla, y en parábolas. Para que la gente piense. No hay manera de hacer fórmulas de sus decires. Y lo que se hizo luego fue, por cierto, trabajo de sacerdotes de profesión que necesitaron, para el pueblo y para su propio poder, codificar las palabras del maestro.

Al respecto escribió Rudyard Kipling estos taxativos versos en su poema "El discípulo":

Aquel que tiene un Evangelio
que predicar a la Humanidad
aunque lo sirva plenamente
con el cuerpo, el alma, y la inteligencia,
aunque por él
todos los días vaya al calvario,
tendrá un Discípulo
que hará vana su labor.

Tu deber no es creer, pero sí saber qué es válido y qué superchería, para que tus hijos sepan.

DE AYER A HOY: EL VACÍO QUE MATA

Hay que evolucionar en la idea acerca de Dios y acerca de la religión, salirnos de las frases hechas si queremos educar a nuestros hijos para un mundo mejor, para un mundo más honesto, para un mundo más claro.

He tenido experiencias que me han convencido de que los chicos y los jóvenes están tan dispuestos a captar tanto la música espiritual como la música de rock. Necesitan tanto de este alimento como de aquel otro que le pueden proporcionar los conjuntos musicales y los boliches que abren a las dos de la mañana y cierran a las nueve.

Otrora, hay que reconocerlo, había en el mundo ideales, luchas ideológicas, y a la religión, llamada opio de las masas, se oponía el pensamiento crítico, la actitud científica. El marxismo, nos guste o no, era la religión de los desprovistos de religión. Con afán religioso discutíamos los jóvenes de antaño hasta altas horas de la madrugada las metas de la humanidad.

Eso pasó. Fukuyama escribió *El fin de la historia*, aludiendo a que la historia había alcanzado su punto más alto con el neoliberalismo y que no se podía ir más lejos. Pero el fin de la historia es otro. No hay más historia. No se lucha en el mundo por un futuro universal sino por un mañana inmediato que produzca alzas en la Bolsa. Esta es la realidad actual.

El cuerpo se regocija, guerrea contra el colesterol, los radicales libres, la salud (de los que comen; los otros, lamentablemente la mayoría, no cuentan para el mundo) y alcanza longevidad. El alma, en cambio, se marchita, nada la nutre, ni la religión ni sus escombros ni sus detractores. Nada.

> Del vacío, de la nada, brota el hastío, y luego la violencia, el resentimiento, la agresión, la pérdida de sentido de la vida. Por eso están llenas la planas de los diarios de gente que mata gente, por matar, por nada, a causa de la Nada.

El Ser y la Nada, escribió Sartre.

Del vacío, de la nada, brota el hastío, y luego la violencia, el resentimiento, la agresión, la pérdida de sentido de la vida. Por eso están llenas la planas de los diarios de gente que mata gente, por matar, por nada, a causa de la Nada.

115

Por eso la afición a la droga.

Por eso, días atrás, en España dos niñas mataron a una tercera, todas entre quince y dieciséis años, y cuando fueron interrogadas acerca del motivo, respondieron:

—Lo hicimos por curiosidad, para ver qué se siente...

Matar se ha vuelto fácil. Nada vale, nadie vale. Ni tu vida, la del que ha de morir, ni mi vida, que será destrozada en la cárcel. Nada en el horizonte. Como la historia que encabeza este libro, que te la repito:

Padre e hijo caminaban por los campos en una tersa noche de verano, en silencio. De pronto el hijo expresó:

—¡Papá, veo a Dios en el cielo!

—¿Dónde hijo, dónde? —se asombró el padre que se puso a mirar en todas direcciones.

—Allí, papá, allí, fíjate, eso blanco... —insistió el niño.

—¿Dónde?; indícame dónde que no alcanzo a ver. —se desesperaba el padre.

—¿Allí, cómo es que no lo ves, papá? —se admiró el hijo.

—Es que no lo veo, hijo, no sé, no puedo, no lo veo...

—Entonces —añadió tristemente el chico— no ves nada, papá...

TODAS LAS RELIGIONES, LA RELIGIÓN

Siempre hubo religión. Toda pasión por una causa superior por la cual uno está dispuesto a sacrificarse es religión, es fe, es trascendencia. Llámese Jesús, llámese Galileo, llámese el auténtico socialista revolucionario, llámese Madame Curie.

De todas las religiones nada quedó. Desaparecieron las grandes causas. Nadie ve nada más allá de sus narices ni de sus intereses.

Sólo los niños todavía alcanzan a vislumbrar imágenes en el cielo que no cotizan en la Bolsa. Sólo ellos conservan los nervios del alma, de la fantasía. Esa alma hay que alimentarla también, o crecerán —como lo vienen haciendo— mutilados y errabundos.

La única religión que queda es la de la fe en Algo o Alguien que nos espera al final del camino, y por eso conviene caminar.

Reaparece en escena Roni

Estábamos, toda la familia, en el country, en la casita alquilada por Alberto, y era una tibia noche de verano. La cena había transcurrido.

—¿Vamos a pasear, Roni? —le dije a mi nieto mayor, entonces de dos años.

—Vamos —respondió gozoso.

Inmediatamente se pertrechó de varios elementos: una pelotita de ping-pong, dos paletas, y quiso llevar la pelota de básquet pero le hice ver que era demasiado. Partimos.

—Yo no conozco el country, Roni, ¿vos lo conocés como para caminar de noche? —le pregunté mientras ya nos salpicábamos con el rocío del césped.

—Sí, yo conozco —replicó con toda tranquilidad.

Íbamos tomados de la mano. A mitad de camino, a cada diez o quince metros nos deteníamos, nos enfrentábamos, por orden y organización de Roni, e intercambiábamos paletazos de pelotita de ping-pong. Luego nuevamente nos ubicábamos uno al lado del otro y caminábamos por las intrincadas instalaciones deportivas del lugar.

Guiados por mi nieto ingresamos en una cancha de paddle. Me dio instrucciones sobre cómo debía colocarme del otro lado de la red, y él de este lado. Nuevamente ejercitamos con la pelotita destrezas deportivas. No se veía nada, sólo proyecciones de sombras cruzadas de algunos que otros esplendores. Roni corría, saltaba, y sobre todo me gritaba y me daba instrucciones, manifestando cierta desazón por este *zeide* tan poco Vilas que le tocó en suerte. Finalmente ordenó que el partido había terminado y salimos de ese encuadre.

Volvimos a caminar. Entonces levanté los ojos al cielo y lo vi estrellado. Y se me ocurrió una idea.

—Roni —le dije—, levantá la vista.

—¿Qué hay?

—Levantá la vista, mirá el cielo.

Lo hizo.

—¿Qué ves?

—Estrellas.

—¿No te gusta como brillan las estrellas?

—Sí, me gusta.

—Y la luna, Roni, ¿dónde está la luna?

Se puso a buscarla. La encontró.

—Allá está —dijo señalándola con el dedito.

Después seguimos caminando, charlando, jugando a la pelotita, hasta que regresamos a casa.

LA LECCIÓN DEL NIETO

¿Por qué cuento este episodio? ¿Qué tiene de extraordinario? Un abuelo normal, un nieto normal, un paseo normal, todo vulgar y común.

Lo que quiero acentuar es mi intento de improvisación pedagógica: le hice ver, le hice apreciar el cielo estrellado. Quería que eso también fuera percibido. En un mundo de juegos, juguetes, películas, aparatos, el cielo estrellado necesita ser particularmente puesto de relieve. Podría ser el ocaso de una tarde y todos sus colores. O los pétalos de una flor.

Además, atienda el lector a que me limité a focalizar su visión en ciertos objetos, pero no extraje de ahí conclusión alguna. Es un modo de tantos de contribuir a desarrollar la sensibilidad de nuestros hijos, y la naturaleza sigue siendo el factor primordial para ese fin. Difícil será tomar el control remoto y decirle:

—Acariciálo y decíme que sentís.

La naturaleza es vida, cosmos, sensibilidad, experiencia interior, poesía. Debe ser experimentada. Y a la vez no debe ser impuesta con toda una serie de frases y consideraciones.

Alguna vez Roni se encontrará con la palabra "Dios", y es posible que del fondo de su ser broten ecos, reminiscencias de aquella noche.

En la educación de los hijos suele abandonarse la enseñanza de la sensibilidad. Me refiero a este término que proviene del griego y que se dice estética. Para la sensación las estrellas son puntos relucientes en el espacio, elementos de astronomía, o cualquier otra definición físico-matemática. Para la sensibilidad son... todo lo que tu individualidad capta y saborea.

La sensación es el saber. La sensibilidad es el sabor. Algo

En la educación de los hijos suele abandonarse la enseñanza de la sensibilidad.
La sensación es el saber. La sensibilidad es el sabor. Algo particular, privado, de mi paladar, de mi estremecimiento. Erotismo.

particular, privado, de mi paladar, de mi estremecimiento. Erotismo.

La religión es erótica, en el fondo, porque apela al amor, a la sensibilidad y por eso, de todos los libros de la *Biblia* el que más ha tocado el alma religiosa es "El cantar de los cantares", texto de sensualidad entre él y ella, que los místicos interpretan como que Él es Dios y Ella es la humanidad, buscándonos, perdiéndonos, anhelándonos, deseándonos.

DIOS, EL MAMBORETÁ Y LA MOSCA

Así se denomina un relato de mi maestro Tomás Moro Simpson.

En realidad es una mezcla de relato, meditación, poesía. El mamboretá se llama, en nomenclatura científica, *mantis religiosa*, es decir profeta y religioso. ¿Por qué? Porque luego de devorar a un insecto, levanta las patas delanteras y las coloca como las palmas unidas del hombre que reza y mira el cielo.

El autor le pregunta:

—¿Dónde está Dios, mamboretá?

El mamboretá responde a esta pregunta señalando el cielo con las patas delanteras. Algunos sospechan sin embargo que su respuesta contiene un elemento de ironía satánica.

La ironía sería que el que más sabe de Dios es... un criminal voraz.

Helo aquí frente a una mosca. Con delicada perfección de engranaje mecánico la toma con una patita, luego la descabeza, luego la devora.

"Probablemente —me dije— mientras el mamboretá deglute a la mosca Dios revisa con angustia los mecanismos del universo".

Esta es nuestra idea antropomórfica de Dios. Queremos que el mundo sea eso que nos enseñaron que el mundo debería ser: bueno, dulce, tierno, amable.

¿Pero qué es lo bueno?

En la naturaleza, lo bueno es que el mamboretá se coma a la mosca, que previamente habrá comido toda suerte de alimentos, y esa es la cadena de la vida, y lo bueno es la cadena de la vida, y no el individuo suelto.

Por eso sirve este relato para reflexionar si Dios creó un mundo de bien o de mal. La respuesta es que creó el mundo, y lo dejó funcionar. El bien y el mal son visiones nuestras, o caprichos de nuestros prejuicios.

Como dice Simpson, Dios creó la posibilidad de que hubiera algún Judas y algún Jesús. Que sea Judas quien traicione a Jesús no es orden de Dios sino libertad de los protagonistas.

Un momento de belleza

Erotismo. Placer. Goce. Sensibilidad. Sensualidad. Esos son mis ideales educativos.

Hace años viajé con mi familia a Bariloche. La cultura exige que viajemos a Bariloche porque es lindo, maravilloso, genial.

La cultura, en este caso, tiene razón. Hay belleza natural en Bariloche, y a raudales. Pero cuando uno viaja, ya sabe de antemano qué ha de disfrutar, qué foto ha de sacar, qué debe admirar y cuánto debe gozar en cada excursión a los lugares prefijados por la Dirección de Turismo y la Opinión Pública.

En casos como estos, uno no sabe cuándo la sensación de placer emerge realmente y cuándo es mera reacción de reflejos condicionados por lecturas, películas, charlas y diapositivas.

De chico *me enseñaron* a disfrutar de la calesita, y yo les transferí a mis hijos que debían subir a esa máquina y sonreír estúpidamente como si fueran felices. De grande *me enseñaron* Bariloche.

Me cuesta distinguir mis ojos auténticos de las lentes adheridas a ellos. Soy esas lentes. Pero en el bosque de arrayanes tuve una experiencia mística, totalmente mía, abrumadora, extática. Ibamos en grupos organizados para admirar organizadamente esa hermosura. Pero yo tuve mi rapto de goce, en términos de Barthes.

Un rapto. Algo que se desgaja de un contexto codificado y vibra eternamente. Esos árboles no estaban prefigurados en mi mente. No los esperaba. La sensualidad, para ellos, era completamente virginal. Fue como un rayo de infinito, de Dios, de Belleza inconmensurable lo que me envolvió. Un rapto místico, una sublimación erótica, que ahora me recuerda el éxtasis de Santa Teresa de Jesús esculpido por Bernini. Y estos versos de San Juan de la Cruz:

Por toda la hermosura
nunca yo me perderé
sino por un no se qué
que se alcanza por ventura.

Pero el fuera de sí alude al fuera de las convenciones culturales que configuran y modelan al sí-mismo. Es lo in-sólito.

De los griegos viene la palabra "entusiasmo". Tiene en sí la raíz *theo*: estar poseído por un dios. Sócrates decía que cada persona tiene un *daimon*, un demonio. Los atenienses no se lo perdonaron.

Apertura es eso, sensualidad para lo in-sólito, sensibilidad para la cara oculta de la luna.

El éxtasis apela a la lógica del estar, del presente en plenitud, único, irrepetible, y por lo tanto distinto y contradictorio de todo otro presente.

Amor, dijimos. Amor lleno de contradicciones. El alma que se debate en sus agonías. Yo soy mis contradicciones, mis estares.

Leí en Balzac:
"Aun cuando amo femeninamente la indolencia oriental y era erótico y sensual en mis ensueños, he trabajado siempre y me he prohibido a mí mismo saborear los placeres de la vida de París. Tenía la naturaleza de un bribón y sin embargo era sensato. Gustaba del movimiento y de los viajes por mar... e incesantemente he permanecido sentado con la pluma en la mano. He dormido en mi solitario lecho, como un monje de la orden de San Benito, y la mujer era entonces, siempre, mi único sueño... En resumen mi vida era una cruel antítesis y una constante mentira".

Antítesis sí, mentira no. Mentira si se la mide con los patrones que la sociedad impone; la mismidad y la respetabilidad rutinaria. Mentira vista desde el ángulo de la uniformidad.

La contradicción, el que quiero ser y el que estoy siendo, es lo más genuino que soy.

Es la única verdad, Balzac.

Meditación del barrilete

El barrilete, un clásico de mi infancia, se hacía de maderitas fi-
nas que configuraban su contorno hexagonal; luego estaban los
triángulos intermedios para darle mayor consistencia a la estructura, y el papel de colores llenando esos espacios, y todo sos-
tenido por un carretel de hilo largo, largo, en manos de un niño,
que salía corriendo por los campos o las calles de la ciudad, sos-
tenido por detrás por un compañero y así, juntos, iban en busca
del viento, hasta que alguna corriente de aire insinuaba la posibilidad del ascenso y esa cosa tan endeble , que solía también llevar coletas de seda de colores, porque la belleza ha de ser belleza, comenzaba a buscar espacio en el cielo a levantarse; y entonces empezaba la segunda gran etapa del trabajo, hacerlo subir lo
más posible, pero en buena dirección, y a medida que crecía en
altura el hilo, por esas extrañas leyes físicas newtonianas o las
de Einstein, iba tomando cierta curvatura tensa y el niño tenía
que jugar a todo eso, al barrilete, al espacio, a la tensión de la
cuerda, aflojar a veces, darle hilo, otras recuperar hilo para que
no se desbandara, o cayera precipitado y vulnerado, lo que sería
una pena, tanta pena, y la alegría enorme de que lo hiciste, de
que podés hacerlo, el barrilete, el vuelo, ese vuelo que uno quisiera volar.

El niño maneja el barrilete, la fantasía, la imaginación, las
alas de la mente. Después crece. Crecer es al revés, querer echar
raíces, hacia abajo, querer ser profundos, entender, analizar,
comprender, aprender. A lo hondo.

Me fatigan las honduras. Debajo de ellas está la otra fantasía,
la metafísica, raíces para estar inmovilizado, seguro, no como el
barrilete, imprevisto e imprevisible.

El hombre crece, pero en realidad de-crece. Quiere sostener-
se. Teme los vientos, porque sabe que existen. Teme eso que no
se puede manejar con palancas, por eso crea un mundo de palancas, de técnica, de telecomunicados y telecontroles. Controlar,
que nada se te escape. Salvo la muerte, claro está, pero también
en la sociedad actual ella no existe, desapareció.

Defensa de Platón

Están los que se van en cualquier momento, y están los que se quedan. Crecer, éxito, manejar muchos barriletes pero por pantalla de televisión.

La poesía está desterrada, porque es la frase inconclusa, es la palabra ambigua, es la detención del progreso y de la eficiencia. Y el primero que lo hizo fue el gran Platón, que desterró la poesía y las artes de la república, porque son para volar y eludir las raíces, y entendió que eso es una república, un conjunto de gente que quiere ganar mucha plata, viajar mucho, tener muchas cosas, y garantizarse la vida eterna y así Dios.

Poesía, eternidad, Dios, alma sobran. Eso entendió Platón y a él, pobrecito, no lo entendieron. Él que era un poeta, y solamente un poeta, cuando le preguntaron cómo debía ser una república les dijo así tiene que ser, con un destierro total de cualquier barrilete, y hasta ahora lo están denostando por tiránico, antidemocrático.

Él quería brindar la mayor felicidad a la mayor cantidad de gente, y no se puede lograr eso con la *aletehia*, que es el descubrimiento de la verdad, es decir de lo oculto, de lo que está bajo el suelo, y por lo tanto implicaría roturar el suelo, abrirlo en riachos, en grietas, en barriletes, en vientos. Por eso les organizó el suelo, maravillosamente. Cada cosa en su lugar, cada lugar en su cosa. Que nadie se pierda.

Algo así como aquella famosa Torre de Babel, que tenía que ser tan alta que todo el mundo la divisara desde cualquier punto y siempre tuviera un punto de referencia.

Un pájaro lleno de miedo

Eso es el hombre, un pájaro lleno de miedo, como todos los pájaros, que tiene la inteligencia para escudarse contra ese miedo y si no borrarlo del todo, por los menos borronearlo y cubrirlo de sonrisas y construir instituciones, y armar frases definitivas, y verbos perentorios como novia, te quiero, te extrañé tanto, la falta que me hacés.

Crecer es crecer en frases protectoras que suelen ser creencias definitivas, fetiches indudables. Mientras, claro está, se juega a la duda, al pensamiento.

Tener sentimientos, eso es lo que más quiere el hombre actual. Descartes partía del pienso por lo tanto existo, el hombre nuevo siente, no tiene alma, pero tiene entrañas, sensibilidad, emociones, estremecimientos.

> Crecer es crecer en frases protectoras que suelen ser creencias definitivas, fetiches indudables. Mientras, claro está, se juega a la duda, al pensamiento.

El alma la perdió allá lejos y hace tiempo, junto con Dios, las utopías, los sueños de estar a la espera de barriletes. Y le quedó la *psique*, y luego la psicología, y luego el intercambio de psicologías que es el diálogo entre la gente, vení que te cuento lo que yo siento, pero yo siento de otra manera, no obstante lo importante es que todos sentimos. Hasta que se produce el vacío, el de la ausencia del barrilete.

Sentimos tanto, y tan públicamente que ya no sentimos nada, o no sabemos si ese sentir es semejante al jean que se arrastra religiosamente por el suelo porque así tiene que ser, y así tienes que comportarte en la cama según los últimos manuales de la ciencia.

El vacío.

Como esos terribles días de verano, al atardecer, cuando no se mueve una hoja. El tiempo se detiene, frase que me suena de Shakespeare que leí en Huxley. Pero si no hay brisa, no hay tiempo, no hay vitalidad. Tan sólo crecimiento hacia cualquier lado.

Gide decía que en la presión social del bosque, los árboles que no pueden expandirse al costado a veces largan una rama hacia la altura, el cielo, es la rama mística. El vacío reclama una rama mística. Sequedad es el vacío, decía Teresa de Jesús, y esperaba la gracia del rocío. Algo que te salpique y te ensueñe.

LAS LEYES DE LA REPÚBLICA, DEL ÉXITO, DE LA EFICIENCIA

Jonás en el vientre de la ballena aprende a rezar.

En la república no se reza, ni en sus templos. Sólo en el destierro. Rezar es desterrarse y ver qué se encuentra en la desolación del yermo.

Es un pedacito de tiempo que no espera nada, salvo la expectativa de que Dios exista. Porque si Dios existe no tiene más alternativa que serlo todo, la totalidad del ser, que es la hormiga, el barrilete, la sequedad, y que es este par de labios en busca de decir algo, algo no dicho, algo que no se pueda repetir, que no se anquilose, que no sirva de palenque para rascarse, algo inédito, algo imposible.

Porque si Dios existe todo es inédito, todo es, y entonces me niega y me afirma constantemente, hoy, frente a la ventana, en plena tarde nublada, y este cuerpo que maneja estos dedos que manejan esta computadora que combina letras, casualidades, signos que se emiten desde esa circunferencia, que decían que es la realidad o Dios, y su punto central.

A Pascal lo estremecía el silencio del cosmos, el que no dice nada, porque en definitiva todos los decires son todos los existires, y el vivir es esto que está pasando ahora, ni antes ni después, ahora, el ahora del no ser, o de este gusto en la boca que es todo el ser, ni alas ni raíces ni todas las fotos que revisé esta mañana, que no son mías, que son de otros, que no son fotos, que son símbolos, chispazos, pedazos de materia, o de alma, lo mismo da, fragmentos de fue, será, podría ser, podría no ser, podríamos no habernos encontrado nunca, si abuelo hubiera muerto, si la oficina que me ocupaba como maestro no me hubiera enviado obligatoriamente al interior...

MI ENCUENTRO CON EL ÁRBOL

Debemos educarnos a nosotros mismos para educarnos con nuestros hijos en la sensibilidad, en aquella dimensión que hace de cada ser un ente único, incomparable, algo que incide en mi vida y no meramente existe.

Religión es sensibilidad. Porque es asombro. Admiración. *Admirare* es de la misma raíz que *miraculum*. Frente a mi casa hay un árbol. Durante veinte años sucesivos he entrado y salido y pasado delante de él. Nunca lo vi. Un día, antes de entrar, mientras buscaba las llaves, lo contemplé.

—No sabía que había un árbol frente a casa —me dije, azorado.

Me acerqué a él, lo toqué, lo miré, lo admiré. Mi encuentro con ese árbol me había sensibilizado. No era un árbol más. Brotaba de ese encuentro. Sentí en mi interior como un vuelco, como una alegría.

¡Tenía un árbol frente a mi casa y no lo sabía!

Un regocijo especial se me derramó por la piel. Entré en casa. Nos sentamos a cenar. Pero no comenté nada. Era un encuentro muy privado, muy mío, para mí, para nadie más. Quien no lo probó no lo sabe.

Es que somos educadamente sensibles ante las grandes maravillas del universo. Por eso viajamos a Cataratas, o al Perito Moreno, o al Taj Mahal, o a ver *La Gioconda*, o la Capilla Sixtina.Y feliz de aquel que puede realizar poyectos como esos, porque requieren mucho gasto económico.

Pero si algo puedo enseñarles, queridos padres, queridos colegas, es que la sensibilidad y su cultivo pueden y deben realizarse con elementos de nuestro entorno. El cielo está siempre sobre tu cabeza. La lluvia golpea siempre sobre los vidrios. Las palomas no dejan de cubrir los cables insensibles que crucifican la ciudad. Y los gorriones. Tengo una foto de la infancia de Alberto, el mayor, a los cinco años, en Plaza de Mayo, concentrado en contemplar las palomas.

> El milagro de la existencia está a mano, hay que prestarle atención, no más, abrirse a él. Pero a tal efecto hay que educarse.

El milagro de la existencia está a mano, hay que prestarle atención, no más, abrirse a él. Pero a tal efecto hay que educarse.

Nada es gratuito, todo es educación, trabajo de unos sobre otros, influencias. Mozart es genial por cuenta propia pero primero, de chiquitín, el padre le enseña música y a tocar el piano.

SENSIBILIDAD PARA LO DESCONOCIDO

Usted puede interrumpirme y preguntarme:

—Lo que dice es fantástico y estimulante. ¿Pero qué tiene que ver con la religión?

Le respondo:

—Nada. O todo. La religión, quiero decir la fe que nos hace religar con el resto del universo, requiere del cultivo de la sensibilidad existencial. Está el lado cultural, la transmisión del conocimiento, pero también está el desarrollo del aspecto intuitivo de la persona que va más allá de la animalidad o del automatismo que iguala el ser con el comprar, la felicidad con el éxito, y la cumbre de la existencia con el individualismo enfrascado, y finalmente triste.

Tan sólo quise insinuar que el hombre religioso es un hombre sensible, y viceversa, que la sensibilidad para el que es religioso, para el que busca a Dios, puede conducirlo a través de los milagros cotidianos de la existencia natural a esa dimensión.

Si usted conoce personas que dicen que creen y que incluso concurren a actos religiosos, pero en la vida cotidiana son de poca ética y de menguado humanismo, recuerde que son como los mercaderes maliciosos que para lavar sus culpas van al templo, hipócritas a quienes Jesús supo echar del templo, como está escrito.

Ese tipo de religioso vano y falso fue llamado en los evangelios "sepulcro blanqueado". En el fondo es un sepulcro que contiene gusanos, y por fuera se muestra blanco, inocente, puro.

Creer es cosa de la mente, del intelecto, del alma, de la conmoción interior que busca urgentemente volcarse al exterior y hacer el bien. Es saber cuando se petrifica en dogmas y frases y palabras que se repiten. Se vuelve saber.

Yo les hablaba de sabor, de aquello que da gusto a la vida. Eso, con religión o sin ella, es percibir la profundidad y trascendencia de nuestros días sobre la tierra.

Esa sensibilidad para lo desconocido la tenemos congénitamente, pero hay que cultivarla, educarla.

Aquí lo que se da es una vivencia, no una creencia. La vivencia forma parte de la vida y de su riqueza. La creencia forma parte del mundo de la cultura, de la educación, de las cosas que se dicen, que se afirman o se niegan. Pero no están en el torrente de la vida, sino de los objetos, uno tiene lapiceras, auto, tiene una quinta, tiene oficina, y tiene creencias sobre la política, el fútbol, y sobre Dios también. Por eso la discusión entre quién es qué en la que suele ensarzarse la gente para enfurecerse y matar el tiempo, mientras, esa de que sos vos ateo, religioso, creyente, agnóstico, es un deporte totalmente superficial y si se lo toma en serio es bastante trágico.

CAPÍTULO VII

ECLIPSE Y PRESENCIA DE DIOS

Nietzsche ha muerto

Durante largos siglos figuraba Dios en el centro de la existencia humana, en las diversas religiones, culturas, países, geografías.

Era, como dice Weber, un mundo encantado. Encantado en el sentido que había en él una sensación de que no estamos solos, de que pertenecemos a una urdimbre misteriosa, y de que lo divino en algún punto se roza con lo humano, como la mano de Dios con la mano de Adán, de lejos, pero de cerca, en el cerebro de Miguel Ángel volcado en imágenes de la Capilla Sixtina.

Luego nos quedamos solos, sin Dios.

Freud dijo que la religión era una ilusión sin porvenir. La ciencia dijo que el hombre se bastaba solo con su pensamiento para satisfacer todas sus necesidades. La tecnología dijo que con aparatos solucionaremos todos nuestros problemas y alcanzaremos la felicidad.

Nietzsche dijo: Dios ha muerto.

En el 68, en las revueltas de París, sin embargo, notóse la reacción contra la ausencia de Dios y alguien escribió:

"Nietzsche ha muerto.

Firmado: Dios".

En busca del Dios perdido

Ahora lo estamos buscando. Ya estamos de vuelta. El paseo ese de la soberbia humana ha concluido.

Toda la ciencia, toda la tecnología, todo el progreso no nos han hecho más felices. Ni todas las declaraciones acerca de los derechos del hombre, y acerca de los niños que merecen todos comer y educarse, nada de eso ha modificado demasiado el panorama. Venimos a descubrir que ni aparatos ni discursos benevolentes producen la felicidad.

Es la misma ciencia la que en pleno siglo XX encuentra que la razón científica es apenas una de tantas razones posibles. Eso que decía Pascal: el corazón tiene sus razones que la razón desconoce. Hay razones de corazón, y sobre todo razones de fe.

Tenemos que creer en algo.

Amar, aunque no lo creas, es creer.

Amar es algo que te brota del pecho y se vuelca como cálido chorro de hermosura sobre el otro, pero para que tú y el otro se abracen tienen que creer en el abrazo y en la continuidad del abrazo, y en la continuidad de la vida, que vale la pena, que tiene sentido.

Creer.

> **Toda la ciencia, toda la tecnología, todo el progreso no nos han hecho más felices. Ni todas las declaraciones acerca de los derechos del hombre, y acerca de los niños que merecen todos comer y educarse, nada de eso ha modificado demasiado el panorama. Venimos a descubrir que ni aparatos ni discursos benevolentes producen la felicidad.**

Todo estaba bien, pero está bien si creemos en algo, es decir en alguna finalidad que está por encima de ti y de mi.

No quiero darles clases de teología, no estoy capacitado para ello. Sí quiero decirles que DIOS significa no ese papito a quien se le reza para que nos ayude a aprobar los exámenes, o a quien se le agradece en la cancha porque sin lugar a dudas ayudó a nuestro equipo a meter el gol.

No, no significa eso.

No es eso lo que yo enseñaría a mis hijos, si me preguntaran. Les diría más bien que DIOS significa para nosotros, los occidentales, de cualquier religión o, inclusive, agnósticos y ateos, significa, repito, que estamos caminando hacia algún lado, que cada generación y cada persona debe aportar algo, en sus propios pasos, para enriquecer el camino, y que ese camino es la fe en un mundo mejor, sin guerras, sin hambre, sin miserias, y de amor.

Dios es amor.

Pero no basta con quedarse en esa frase. Es amor en el sentido de paz, comida, igualdad, supresión del crimen y de la droga, lucha contra la corrupción, eliminación de tiranos, y acceso a un mundo donde vivir signifique crecer.

El que dice todo eso cree.

El que cree, lo pronuncie o no, está mencionando a DIOS.

EN BUSCA DEL AMOR

¿Si Dios es Amor, qué es amor? Amor es ver a los demás.

Al respecto, quiero contarles una historia.

Un maestro piadoso llamó una vez a uno de sus alumnos y lo trajo a su casa, lo paró frente a la ventana y le dijo:

—¿Dime, José, qué es lo que ves?

—Maestro, veo la calle, la gente que pasea por la calle, los carros, los caballos, las ancianas que se arrastran.

—Bravo, José, ves muy bien —le dijo el maestro.

Luego le trajo un espejo y le dijo:

—Ahora mira aquí, ¿qué ves?

—Veo mi propio rostro, maestro.

—¿Sabes por qué?

—Porque es un espejo, maestro.

—¿Sabes qué diferencia hay entre este vidrio y el vidrio de la ventana?

—El de la ventana es transparente

—¿Y éste?

—Éste no.

—¿Sabes por qué?

—No, maestro

—Te diré, José. El espejo es un vidrio como cualquier otro, pero detrás está cubierto por una superficie química de plata. Eso impide ver al resto del mundo. La plata, las riquezas, hacen que uno esté siempre mirando un espejo, viéndose a sí mismo.

Es el tener el que te domina, y en ese tener te tienes únicamente a ti mismo de amigo, y a los demás de enemigos.

Ocurre que también los otros tienen. Eso te empaña el espejo. La envidia desesperada brota y te envuelve y te asfixia.

EL IDEAL QUE NO SE REALIZÓ

El siglo XX, por eso del miedo a los hijos, del endiosamiento de su individualidad, de la idolatría de su libertad, promovió una educación sin compromisos espirituales, sin límites, en la que cada uno crezca solo y haga lo suyo, ideal ese que es bueno, que es loable, pero que es imposible.

Cada uno hace, en principio, lo que otros le enseñan a hacer.

Cada uno piensa, cada uno cree, en principio, lo que otros le inculcan y adoctrinan.

En nuestro siglo se enseñó que la racionalidad y la educación científica lo podrían todo. Por eso todos los afanes se volcaron, por parte de la psicología, al conocimiento de la psique del niño, del adolescente, de su evolución, de las pautas de crecimiento de la inteligencia, y de las etapas que se mueven entre la heteronomía dependiente de los mayores y la autonomía que brota del uno mismo.

El ideal sigue siendo ideal. Ha perdido de vista una de las dimensiones humanas, la dimensión religiosa. Existe, es.

El positivismo consideraba que la religión fue una etapa en la historia de la humanidad, y que luego la era positiva, la de los hechos, de la ciencia y la de la tecnología, terminaría por destronarla absolutamente. Me abstengo de adoctrinar en este punto tan delicado. Tan sólo remito al lector al mundo del pensamiento actual, en todas sus ideas, sobre todo en las científicas, físicas, biológicas, para que tome conciencia de que justamente desde la ciencia se comienza a percibir esa dimensión de sentimiento oceánico, que decía Freud, como parte de la condición humana.

Yo la denomino "la condición metafísica", de la cual la religión es una de las manifestaciones. La condición que no se satisface con lo positivo, lo que ve y lo que toca, y descubre dentro de sí un anhelo hacia lo otro, hacia lo que no es físico y no se encuentra en tomografías computadas. Lo totalmente imperceptible en términos de registro fotográfico pero que sin embargo, sin poder demostrarse su existencia, la de Dios, la de un mundo después de este, la de otra esfera que no se reduzca a esta vida y a esta muerte y a esto que yo hago y me desvivo por ser, sin embargo existe, no como demostrada por fuera, pero sí en cuanto demostrada por dentro.

Ese impulso metafísico o religioso se da en los niños, mejor dicho viene con ellos. Es en la niñez donde mayor asidero tiene porque está ligado con la percepción mágica del universo, el gran asombro, el gran milagro, el gran descubrimiento de todos los días.

El hombre lo siente, lo busca, lo anhela, lo quiere.

En todas las religiones, en todos los mitos, en todas las culturas, en todos los tiempos.

Y yo también.

Ese impulso metafísico o religioso se da en los niños, mejor dicho viene con ellos. Es en la niñez donde mayor asidero tiene porque está ligado con la percepción mágica del universo, el gran asombro, el gran milagro, el gran descubrimiento de todos los días.

La pedagogía erradicó lo divino, en cuanto extraño, en cuanto incapaz de ser abarcado en formas racionales y matemáticas, de la vida de los niños. Resultó malo y prohibido, en fin, hablar de Dios.

Ahora bien: todo dogmatismo, aunque sea en nombre de la ciencia, es dogmatismo, es castrador, e inhibe facetas de lo humano, las mutila. Y no tenemos derecho a eliminar en la formación de nuestros aspectos de la realidad del hombre y de sus necesidades.

ESE SENTIMIENTO OCEÁNICO

El hombre es multifacético, está hecho de muchas facetas, algunas desconocidas. Como esos cristales facetados casi hasta el infinito.

Está lo científico, y está lo afectivo, lo irracional, que ocupa tanto o más lugar que lo racional.

Está lo estético, y está lo ético, y no se someten tan fácilmente a lo racional.

Y está lo mítico, lo ritual, la necesidad de compartir rituales y gestualidades con otros.

Lo divino, lo cósmico, ese sentimiento oceánico y mágico que transporta al yo más allá de sí mismo, se da, y por tanto existe, y por tanto no debe ser ni erradicado ni combatido.

Cualquier adoctrinamiento compulsivo es dañino.

El que diga sólo la razón debe gobernar, miente, es inquisidor. Es dogmático de la razón. La idea de inteligencias múltiples, que es de orden científico rechaza, justamente, que haya una sola inteligencia, la de la ciencia dura, la lógico-matemática, y admite la inteligencia estética, la inteligencia corporal, y por lo tanto también la inteligencia religiosa, que sobresale en algunos individuos profetas o paradigmas de sistemas de creencias.

El que diga que sólo lo religioso vale, y lo racional es inválido, también él, por supuesto, miente, es inquisidor. El que fragmente un sector de lo humano, lo independice y lo transforme en el único valioso, haciendo de lo demás algo accidental y prescindible, miente y es inquisidor.

Aléjate, padre, madre, hijo, aléjate de inquisidores.

Acércate, padre, madre, hijo, a los que hablan y también escuchan, y no imponen ideas, tan sólo piensan, dejan pensar; viven, y dejan vivir.

Comenta Rodolfo Mondolfo, filósofo italiano que huyó del nazismo y marcó hitos en la filosofía argentina, desde la ciudad de Tucumán:

"La doctrina bruniana (se refiere a Giordano Bruno, científico del renacimiento, quemado por la Santa Inquisición. J.B.) de la inmanencia de Dios en la totalidad del universo y en cada uno de los seres significa que todos los hombres, tal como la naturaleza universal, tienen inherente en su propia interioridad una necesidad incoercible de infinitud".

Así, por su afirmación de la presencia interior de lo divino, que estimula, enciende y mueve a todo espíritu, Bruno se encuentra llevado a reconocer la universalidad de la potencia y aspiración cognoscitiva que, como tal, tiende a realizarse en todos con un progreso continuo infinito.

Bruno murió en la hoguera de los dogmáticos de la religión, precisamente porque su fe no estaba atada a dogmas sino que en lugar de basarse en la tradición de los sacerdotes se nutría de la existencia infinita del cosmos, y alegaba "la inmanencia de Dios en la totalidad del universo", como dice Mondolfo, esto es, el panteísmo. Esta doctrina, difundida luego por Spinoza y tantos más, sostiene que Dios está en todo, que todo contiene un destello divino, el hombre mucho más que la piedra, por cierto, pero nada queda fuera del fulgor de la divinidad.

A los profesionales de la religión no les gusta.

CÓMO GERTRUDIS ENSEÑA A SUS HIJOS

Insisto en que ahora, a fines de siglo, el tema, también el barrido debajo de la alfombra aflora, se muestra y nadie tiene derecho a escamotearlo, porque entonces se está borrando un sector de la realidad.

Insisto, y perdón tanta insistencia, pero en este punto nunca hay suficiente claridad, en que lo mío no es una defensa de Dios,

136

sino una defensa del hombre y de su totalidad de ser, sentir, anhelar, desear, en lo físico y en lo metafísico.

En el tema religioso propiamente dicho no entro. Sólo me atrevo a poner a consideración de mis colegas padres y de mis colegas pedagogos y pensadores si no deberíamos desempolvar esa área vital y, al menos, plantearla como problema y discutirlo.

Entretanto, a quien le interese, le ofrezco esta página que encontré en mis años mozos. El señor Pestalozzi dice, en su libro *Cómo Gertrudis enseña a sus hijos*:

"El desarrollo del género humano procede de un anhelo enérgico y violento hacia la satisfacción de nuestras necesidades físicas. El ser maternal tranquiliza la primera tempestad de los deseos físicos y engendra el amor. Muy pronto, en seguida aparece el temor; el brazo maternal disipa el temor. Este proceder produce la unión de estos dos sentimientos, el amor y la confianza y aparecen los primeros gérmenes de la gratitud...

...El germen de todos los sentimientos religiosos producidos por la fe, es idéntico en su esencia al germen que engendró el clamor del infante a su madre.

En su más tierna infancia el niño escucha, cree, y obedece; pero a esta edad él no sabe lo que cree ni lo que hace. Entretanto las primeras causas que originaban su conducta y su creencia en esa época, principiarán pronto a desaparecer. Su personalidad que comienza a desarrollarse permite al niño abandonar entonces la mano de su madre, el principio a adquirir el sentimiento de sí mismo, y brota en su pecho un leve presentimiento: yo no tengo ya necesidad de mi madre.

Ella lee en sus ojos ese pensamiento naciente, ella estrecha a su ídolo contra su corazón más fuertemente que nunca y le dice con una voz que él no ha oído jamás todavía: Hijo mío, existe un Dios de quien tú tienes necesidad cuando no tengas ya necesidad de mí. Él es un Dios que te toma en sus brazos cuando yo no puedo protegerte más; es un Dios que piensa en tu felicidad y en tus alegrías cuando yo no puedo proporcionarte más felicidad y alegrías.

Entonces se agita en el pecho del niño algo indecible; en el pecho del niño arde un sentimiento sagrado; en el pecho del niño nace un impulso de fe que lo eleva sobre sí mismo. Tan pronto como su madre pronuncia el nombre de Dios, se regocija de oírlo. Los sentimientos de amor, de reconocimiento, de confianza que han nacido en él sobre el seno de su madre, se ensanchan y comprenden luego a Dios tanto como al padre, a Dios tanto como a la madre".

LA REALIDAD DE LA VIDA

La vida superficial, la que está a la vista, es la vida real. Algunos, de tanto profundizar en problemas filosóficos, dejan de ver la realidad. Es una manera de evadirse.

> La vida superficial, la que está a la vista, es la vida real. Algunos, de tanto profundizar en problemas filosóficos, dejan de ver la realidad. Es una manera de evadirse.

Eso fue lo que le pasó a Tales de Mileto. Caminaba por la calle, ensimismado en sus reflexiones acerca de qué sustancia es la fundamental del mundo. Delante de él se abría un considerable pozo, pero no lo vio, y cayó dentro.

Una matrona que por ahí pasaba lo vio en esa incómoda situación y le dijo:

—¡Ay, Tales, fijáte lo que te pasó! Por meditar en las cosas del cielo te olvidaste de atender a las cosas del suelo.

La vida real es lo que realmente sucede en la vida, y no las ideas que nos formamos interiormente acerca de lo que debe suceder. El cielo y el suelo, ambos nos ocurren, y por tanto ambos son reales y no deben ser ignorados.

La realidad es que no *somos* buenos, por ejemplo. Tampoco *somos* especialmente malos. La realidad es que confundimos nuestros buenos deseos con lo que realmente sentimos. Lo primero que sentimos no es amor, es envidia. Eso es realidad.

Lo primero que brota en todo ser —y no podemos dejar de ser seres— es su confrontación con los otros. Los otros son un peligro en principio. Miedo es la primera nota sensible del bebé.

En la antigüedad —y parcialmente también en el día de hoy— si uno salía de su comarca estaba expuesto directamente al sufrimiento, al castigo, a la muerte.

Esa es la pena que recibe Caín de Dios. Caín mata a su hermano y Dios lo castiga. ¿Cómo? Enviándolo al exilio.

—Errabundo serás sobre la tierra —dijo Dios.

¿Qué responde Caín?

—El castigo que me has dado es demasiado duro, porque cualquiera que me encuentre podrá matarme.

Ser extranjero equivalía a ser declaradamente enemigo, o algo semejante. Aún hoy los extranjeros no son bienvenidos en ningún lado. ¿Por qué? A menudo hablan la misma lengua que los del lugar, visten igual y se comportan igual, y sin embargo no son bienvenidos.

138

¿Por qué?

Porque son un peligro, son los otros acerca de quienes mejor y más fácilmente podemos expresar nuestros sentimientos negativos.

Todo lo que es ordenamiento moral o religioso o legislativo se basa siempre en una tendencia natural opuesta del hombre. Si te dicen "amarás a tu prójimo", es porque *por naturaleza* no lo amas, por naturaleza es tu competencia, en estado primitivo es el que puede comer el pan que a ti te hace falta; en estado salvaje, es el que puede matarte de noche para robarte la cobija. En estado de civilización no deja de ser un peligro potencial. Siempre es el otro, el ajeno, el no-yo, el eventual enemigo, el posible foco de ataque contra mí o contra los míos o contra mis valores más queridos.

EL CONFLICTO BÁSICO DE TODOS LOS DÍAS

No nacemos amando. Eso te enseña la filosofía de la vida superficial. Nacemos contra el otro. Inclusive la madre, la tan querida madre, dice Melanie Klein, es ambivalente para su dulce retoño. Es buena cuando está presente y hace todo lo que yo le pido. Es mala, dañina y odiada cuando está ausente y no está a mi servicio o cuando no cumple todos mis caprichos o cuando quiere a otro que no soy yo. Y mamá tiene esa costumbre: quiere a mi papá, quiere a mis hermanos...

La envidia es la primera pulsión que aparece en la vida. Otros la pueden llamar competencia. Es el conflicto básico. Lo contrario del amor no es el odio; el odio es una faceta distorsionada del amor, un momento negativo de la pasión dada vuelta. Lo contrario del amor es la envidia. La envidia no quiere la existencia del otro, mientras el amor la afirma.

Ocultamos este sector de la realidad, preferimos que nuestros hijos no lo vean, que sólo se nutran de hechos positivos, de soles radiantes, de arcos iris beatíficos, de profundidades acerca de la amistad y del compañerismo, de ángeles que los sobrevuelan, de ositos de peluche y dibujos de palomas.

Por otra parte, ellos se nutren, con nuestro aplauso, de dibujos animados. ¿Quién no vio a Tom y Jerry? ¿O prefieren que hablemos de los más antiguos, de Olivia y su enamorado Popeye?

Los dulces, y encantadores dibujos animados, que todas las infancias del mundo consideran su plato predilecto y que todos los padres del mundo procuran que sus hijos absorban, esos dibujitos, ¿de qué hablan?

De la envidia. De la guerra. Del otro que es mi enemigo. De la competencia por sobrevivir. Del perseguido y del perseguidor. De la victoria del más astuto. No del más justo, sino del más astuto.

En esos cómicos dibujitos animados aprenden los niños eso que les ocultamos en la vida diaria: la lucha contra el otro.

EL COMIENZO DE TODOS

El comienzo es Adán y Eva. Están en un paraíso, es decir en un huerto de delicias.

La vida podría ser deliciosa. Por fuera, por el huerto, lo es. Ahora falta que lo sea por dentro, dentro de los sujetos participantes, y entre ellos.

Arriba, por así decir, Dios. Pero claro, somos libres. Esa es la grandeza de lo humano. Y el drama consiste en que invierte esa libertad.

Hay límites en el huerto. Un solo límite, nada más que uno, un árbol que no se debe comer. Entonces aparece la tentación, Serpiente, y sugiere comer del árbol prohibido.

¿Por qué? ¿Qué les faltaba? Todo el huerto, ¿no les alcanzaba?

Eran felices y no les era suficiente. Serpiente sugiere que se puede ser más feliz todavía si se come de ese fruto, si se rompe el límite.

Esa es la libertad. Oír voces y elegir. La voz de tu esposa, la voz de la radio, la voz de la tele, la voz de la publicidad que vende felicidades múltiples, y la voz interior, que es la voz de Dios que te dice qué es bueno y no da status, que te enseña a vivir para sí y para el otro, pero no para los otros, para el consumo y la presión social.

Tú eliges, claro está. Dios es amor. Serpiente cultiva y vende otro producto, la envidia. La envidia pregunta qué *tienen* los otros. El amor pregunta quién eres tú, quiénes *somos* nosotros.

Es la distancia entre *ser* y *tener*.

EL MENSAJE DE SERPIENTE

¿Por qué se eligió a Serpiente para plasmar esta tentación de superar al otro y dominarlo?

Porque Serpiente ha fascinado desde antiguo a todas las generaciones, a todas las culturas y religiones. Se arrastra sin ruido, por el suelo, escondida entre la maleza. Está cubierta de una colorida piel que es sumamente atractiva, bella, hermosa. Y su virtud capital es la sinuosidad, da vueltas, se mueve en curvas imprevistas, sensuales.

Esa es la imagen de la envidia, que provoca ansias de poder y de conquista sobre el otro. En una interpretación más avanzada se entiende que Serpiente está dentro de uno. Su mensaje es elemental:

SERÉIS COMO DIOSES.

Es lo que más ansiamos: ser dioses. Ser únicos y que todos los demás estén a nuestro servicio, sometidos. Ser dioses, ser poderosos. Eso lo desea la madre, y lo desea el bebé que está en el regazo de la madre. Por eso el conflicto es casi de nacimiento. Ella lo quiere todo para sí, él la quiere toda para él.

Poseer, dominar. Ocurre que ella tiene a otros. Ocurre que él tendrá a otros. Ocurre que están los otros y la envidia crece y serpentea y empuja. Esa es la primera realidad.

Es lo primero que cuenta la *Biblia*. Y la función de la *Biblia* es educarnos. Para educarnos debemos conocernos, saber en qué consistimos.

La libido, para usar el lenguaje de Freud, busca al otro para poseerlo, adueñarse de él, engullirlo de alguna manera.

ESTAMOS FUERA DEL PARAÍSO

Estamos fuera del paraíso.

Es lo primero que percibimos: esto no es un paraíso, y a menudo tiene características de infierno, como decía Sartre.

Durante generaciones se discutió el tema de si este mundo creado por Dios era todo lo perfecto que debía ser. Los teólogos se arrancaron pelos y canas en esta polémica. Porque si el mundo no es perfecto, tampoco lo es su creador, Dios. Lo cual es una blasfemia. Por otra parte, si Dios es perfecto, por definición, ¿cómo es que creó un mundo imperfecto?

141

Leibniz, en el siglo XVII, dio solución a este problema diciendo: No es perfecto, pero es el mejor de los mundos posibles.

Sobre este tema construyó Voltaire su novela *Candide*. Leibniz quería defender a Dios ofreciendo una imagen optimista del mundo, y en consecuencia del hombre.

Yo creo que ese optimismo tiene razón de ser, pero no porque el hombre sea perfecto. Al contrario: es sumamente imperfecto, pero tiene la gran posibilidad de conocer sus imperfecciones y procurar superarlas.

Eso es lo que hace interesante a esta vida tan superficial. Salomón decía que es más valeroso el que logra dominarse a sí mismo que el que domina a una ciudad. Debemos conocer nuestros impulsos negativos para poder alcanzar lo positivo, la ética, la vida en común, y el final de todos los finales, el amor.

El amor no es punto de partida, es punto de arribo. Ama a tu prójimo, precisamente porque no lo amas. Ama al extranjero, dice la misma voz, precisamente porque tu tendencia natural es a rechazarlo y volcar en él todos tus odios. Ama a Dios, precisamente porque lo que haces es tenerle miedo, miedo a su castigo, y por eso procuras mantener un buen comportamiento y vas a la iglesia o a la sinagoga, porque tu motivo es el miedo, y cuando no lo tienes realmente te olvidas de Dios y te dedicas a ser tu propio Dios.

Por eso se ordena: ama a Dios, porque en verdad no lo amas, y sólo alcanzas a verte a ti mismo y a tus posesiones.

> El amor no es punto de partida, es punto de arribo. Ama a tu prójimo, precisamente porque no lo amas. Ama al extranjero, dice la misma voz, precisamente porque tu tendencia natural es a rechazarlo y volcar en él todos tus odios. Ama a Dios, precisamente porque lo que haces es tenerle miedo.

El segundo relato de la *Biblia*, en efecto, es consecuencia del primero. Primero Serpiente te estimula y te empuja:
SERÉIS COMO DIOSES.

Eres un dios, tú y nadie más, a nadie más necesitas, todos a tu servicio o sobran o molestan.

Los hijos aprenden de los padres De Adán y Eva aprendieron los hijos. Caín y Abel.

Este es el segundo gran relato, el de la envidia.

LOS QUE MATAN EN NOMBRE DE DIOS

Dios. He aquí un tema. Por Dios mató Caín a Abel, sí, por Dios. Por Dios hubo sucesivas matanzas en la historia. Cada bando decía que él representaba a Dios.

Te diré esto, así de sencillo: El que riega ponzoña, veneno, ansiedad de odio y muerte contra otros mencionando a Dios, miente, y es delegado del diablo, cualquiera que sea su investidura, su nombre, su reputación. Es así de sencillo, y de brutal.

De Dios sólo puede venir una orden: amar. El que dice odiar, es hijo de Satanás, es decir, descendiente de Serpiente.

Todas las causas llamadas santas que se encararon en la historia para enfrentar enemigos, conquistarlos, enterrarlos, hundirlos, incinerarlos, no fueron santas. Fueron siempre criminales.

Así de sencillo: Dios significa Amor, y Amor significa que la vida es el valor supremo, y no hay razón en el mundo suficiente para exterminarla.

Así de sencillo, hijo mío. Si alguien se te acerca y te habla en nombre de Dios pregúntale:

—¿Ese Dios qué exige, qué propone?

Si te dice:

—Guerra contra los ateos y muerte a los impíos, a los que no son de nuestro bando.

Entonces aléjate, urgentemente.

Si te dice:

—Nada en particular, sino lo que dice la *Biblia*: pan para el hambriento, agua para el sediento, techo para el desamparado, ayuda al menesteroso.

Entonces probablemente esté hablando de Dios.

Además, la idea no es hablar de Dios, decía Buber. El punto más alto es poder hablar con Dios. Con el Amor, cara a cara.

EL PROBLEMA "DIOS"

Por eso es Dios un tema. Un tema profundo, dirá el lector, y yo le prometí que hablaríamos de la filosofía de la vida superficial, y pensará que le estoy fallando, que me salí de mi esquema.

De ninguna manera. Sigo fiel a lo prometido. Hablaremos únicamente de lo superficial. Lo superficial es lo que se ve, se percibe, es registrado por todos, y no sólo por algunos seres excepcionales que, encerrados en marfileñas torres, elucubran en las penumbras de su mente.

—¿Pero a Dios quién lo ve, quién lo percibe, quiénes son todos los hombres que lo registran? —pregunta mi otro yo, agresivo.

—A Dios, en efecto, no lo vemos ni lo oímos, pero está en la superficie porque vemos y oímos a la gente que habla de Dios, que lo menciona, que lo invoca, que dice que cree en Él, que hace las cosas por Él, que ama por Él, que mata por Él, que va a la guerra por Él.

Mi otro yo se queda meditabundo y se calla.

Así es. De Dios nada sabemos, del Dios de las profundidades, pero del hombre que anda por la calle, por la televisión, en los gobiernos, en las instituciones nacionales e internacionales, y que a menudo habla de Dios, y más a menudo obra considerando que así les ordena Dios, esos son de la superficie, los veo, los toco, los oigo, los percibo.

El tema es de la vida superficial, de la vida entre nosotros, la única vida que yo, en mi ignorancia, conozco.

Te confieso algo, amiga lectora: Tengo una debilidad, a esa gente no la quiero. Porque me he quemado las pestañas, también confieso, pensando en Dios, leyendo, estudiando teología, metafísica, duros y difíciles planteos, y todo lo que sé, es que por definición Dios está más allá de toda comprensión humana.

La Biblia dice: "Ahora bien, ¿qué es lo que Dios te pide?" Te pide, está escrito; y no está escrito te ordena. Porque la fe no se puede ordenar, como tampoco el amor. Sólo los actos se ordenan, porque son de orden público. Los sentimientos, en cambio, son del orden interior y ni Dios puede reglamentarlos.

Es como un perfume embriagador que en ocasiones te invade, pero no sabes de dónde proviene, de qué flor, de qué fuente, de qué origen. Es una carta que recibes, un mensaje, de alguien, pero nada sabes de ese alguien.

Sólo conozco un texto, de inspiración divina, pero no habla de Dios, sino de lo que Dios le habla al hombre, es decir requiere de él.

Es el libro que marca el bien como finalidad de tu conducta. Como afirmó el filósofo alemán Mendelssohn, íntimo amigo de Lessing, en el siglo XVIII:

"He leído el libro de la *Biblia* varias veces, y en lado alguno encontré la orden de creer en Dios".

El objetivo de ese libro es educar al hombre, y entiende la religión como práctica de la justicia y de la paz. ¿Creer? Es un tema de intimidad. Como dice el profeta: "¿Acaso necesito yo, Dios, de vuestros sacrificios, de vuestras plegarias?".

Si Dios existe, nada necesita de mí. En cambio espera que yo siga Sus mandamientos. Pero no puede imponerme la fe.

La *Biblia* dice: "Ahora bien, ¿qué es lo que Dios te pide?". Te pide, está escrito; y no está escrito te ordena. Porque la fe no se puede ordenar, como tampoco el amor. Sólo los actos se ordenan, porque son de orden público. Los sentimientos, en cambio, son del orden interior y ni Dios puede reglamentarlos.

CAPÍTULO VIII

ANÁLISIS DE LA CRISIS

¿POR QUÉ DENTRO DEL BIENESTAR CRECE LA DEPRESIÓN?

La gente dice: la crisis del hombre. ¿Cuando se dice crisis, qué se dice?

Se dice individuos sueltos, cosas sueltas, conceptos sueltos, en fin, un mundo di-suelto.

La famosa crisis de valores no anula ningún valor; no es que carezcamos de valores; están todos intactos: el de la igualdad, el de la justicia, el de la vida como santa, el de la importancia trascendente de cada hombre, el de la familia, el del amor, el del alma divina. Están todos, ninguno hay muerto. Sólo que no están jerarquizados. Están todos por igual, al mismo nivel, sin preferencias, sin arriba ni abajo. Y ese todos de todos es justamente lo que los anula a todos, porque cuando uno dice valor, está aludiendo a una escala, a una semántica de superior e inferior, de preferible, de mayor y menor.

Eso se ha perdido, la trama, los hilos que conectan los nudos. Los nudos están sueltos, sin unión, y por tanto se disipa la trama y la posibilidad de toda trama.

Temas sueltos para individuos sueltos, que al estar frente a valores sueltos no tienen reparo en arrumbarlos junto con antivalores, ya que la disolución no obliga, al revés exactamente de la nobleza, que obliga.

No hay nobleza en cuanto a la axiología se refiere, y en consecuencia no hay obligación.

Pienso, siento, me parece, creo, digo, pero sin dramatizar, con soltura, la soltura del que está suelto, libre, es decir in-conexo, in-dependiente. Esta independencia libera de todo, de deber y, por tanto, de toda responsabilidad. ¿A quién responder? ¿Ante quién responder?

Consecuencias de la revolución individualista

Comenta Gilles Lipovetsky:

"Es la revolución individualista por la que, por primera vez en la historia, el ser individual, igual a cualquier otro, es percibido y se percibe como fin último, se concibe aisladamente y conquista el derecho a la libre disposición de uno mismo, la que constituye el fermento del modernismo".

Alexis de Tocqueville hizo ver que, en la democracia emergente, el individuo suelto se suelta de toda cadena, sobre todo del pasado, y vive fuera de la tradición; no le debe nada a nadie, empieza por sí mismo, y lo nuevo es lo que vale, sólo lo nuevo.

Lipovetsky, por su parte, señala que cuanto más se humaniza la sociedad, tanto más brota de ella el anonimato, cunde la tolerancia, y todo vale, todo merece ser respetado, pero al mismo tiempo, cunde la falta de confianza personal. "Cuanto mayor es la libertad de costumbres, mayor es el sentimiento de vacío; cuanto más se institucionalizan la comunicación y el diálogo, más solos se sienten los individuos; cuanto mayor es el bienestar, mayor es la depresión".

En la crisis se reconoce la totalidad de ser humano

Crisis significa también posibilidad de cambio, quiebre de prejuicios en busca de un nuevo y auténtico juicio.

Esta es nuestra oportunidad. Tu oportunidad. Si te sale al encuentro una crisis, aprovecha para pensar, para re-pensar, para re-hacer los moldes de tu existencia.

Aldous Huxley escribió acerca del comportamiento humano en momentos de crisis, ejemplificando con un suceso de la Segunda Guerra Mundial presenciado por un psiquiatra.

Este hombre viajaba en un avión de combate. Conocía a todos los tripulantes, a cada uno por separado en su personalidad y en su diferencia. Lo notable es que en el avión, durante el vuelo y en los distintos momentos de peligro, es decir de crisis, todos se comportaban en forma notablemente parecida.

"En el período en que se esperaba, de un momento a otro, el desastre, los diversos planes de acción fueron expuestos claramente y sin otro pensamiento que la seguridad de toda la tripulación. Todos en tal momento se mostraban tranquilos, quietamente animados y dispuestos a todo. No hubo en ningún momento parálisis, pánico, pensamiento turbio, criterio defectuoso o confuso, o egoísmo en ninguno de ellos".

La situación crítica, pues, había eliminado la particularidad de personalidad que cada uno había ido construyendo durante su vida en la interacción de herencia y medio ambiente, entre humores, tendencias, preferencias, reacciones estereotipadas. Se despojaron de todo ello y asumieron su ser con el otro en un plano de identidad y de bien común. Ascendieron a un nivel superior de totalidad.

LO EXTRAORDINARIO

Comenta Aldeus Huxley en *La filosofía perenne* a propósito de lo que venimos escribiendo:

"A veces la crisis sola, sin ninguna instrucción preparatoria, basta para hacer que un hombre se olvide de ser su acostumbrado yo y se convierta, por aquel tiempo, en algo completamente diferente. Así las personas de quienes menos se creería se convierten temporariamente, bajo la influencia de un desastre, en héroes, mártires, abnegados trabajadores para el bien de sus semejantes".

Necesitamos de una circunstancia extra-ordinaria para volvernos extra-ordinarios.

Lo extraordinario es salirse de sí mismo, de las corazas e investiduras con las que el yo se protege o se proyecta al ataque en la relación con los demás, y encuentra en los otros a sus semejantes y se ve como uno de ellos, confraternizado por el peligro en común.

> Algunos viven sabiendo que cada momento de su devenir es crisis, y ellos por lo tanto procuran estar alertas a esa necesidad de despojamiento del ego devorador; son los santos, consagrados o no por alguna religión.

Algunos viven sabiendo que cada momento de su devenir es crisis, y ellos por lo tanto procuran estar alertas a esa necesidad de despojamiento del ego devorador; son los santos, consagrados o no por alguna religión. Pero esa es la característica, dice Huxley, de la santidad. La santidad, diría yo, fuera del templo y de la institución. La santidad de la vida que se eleva cualquier día, a cualquier hora, en cualquier ocasión.

El resto es santidad acartonada en formas y diseños fijos, inertes.

Por eso se dice en el *Bhagavad Gita*:

"Cuando el hombre carece de discernimiento, su voluntad vaga en todas direcciones, tras innumerables objetivos. Los que carecen de discernimiento pueden citar la letra de la Escritura; pero en realidad están negando su íntima verdad. Están llenos de deseos mundanos y ávidos de las recompensas del cielo. Usan bellas figuras retóricas, enseñan laboriosos ritos que según se supone dan placer y poder a los que los practican...

...Aquellos cuyo discernimiento se pierde en tales charlas quedan profundamente afectados al placer y al poder".

Lo divino, como lo santo, están en la conjunción del ser con el ser, o con el Ser, y normalmente cuando se da una se da la otra. Aquí en la tierra, en la existencia cotidiana.

No es lo ex-cepcional lo que hace lo extra-ordinario.

MIENTRAS VIVES

Al contrario, el que lo encuentra a la vuelta de su casa, en cualquier lugar calificado como prosaico y con cualquier persona no clasificada previamente como fuera de serie, sólo él tendrá la experiencia auténtica del vivir como comunicación universal que se da ahora o nunca.

Al respecto encontramos en Kabir, poeta oriental del siglo XV, los versos que siguen:

Oh amigo, ten esperanza de Él mientras vives,
conoce mientras vives, comprende mientras vives;
pues en la vida está la salvación.
Si tus ataduras no son rotas en la vida, ¿qué esperanza de salvación habrá en la muerte?
Sólo vano sueño es pensar que el alma se unirá con Él no más que por haber abandonado el cuerpo;
si Él es hallado ahora, es hallado entonces;
si no, sólo vamos a residir en la Ciudad de la muerte.

También este texto es una cita del libro de Huxley. Sugiere que la vida es esta vida, y quien quiera otra vida después de esta, pensando que en aquella logrará lo que en ésta no pudo ser, se equivoca.

Lo que hay, aquí está. Si no, no está ni estará jamás. Aquí sembramos, cosechamos, y en todo caso, como en toda cosecha, queda el tesoro que uno se reserva para el futuro, y el futuro no es más que continuidad y consecuencia del presente, pero no puede reemplazarlo.

Abraham Joshua Heschel decía que no debemos hacer monumentos de nuestras experiencias más intensas, porque entonces las matamos, las volvemos inercia y recuerdo fijo e inmutable. Los monumentos deben reemplazarse por momentos. Momento es por definición lo que se mueve, lo que está en tránsito, el río en acción, la vida en plenitud y en pasajeridad.

La santidad es momento. Los que de ella hacen monumentos —este templo, este lugar, esta tumba, esta persona— la desnaturalizan y a lo extraordinario lo reincorporan al reino de lo ordinario, que es el del tener: la cosificación.

No hay otra vida que esta, al menos por lo que sabemos. Aun los que creen en una existencia después de la muerte consideran, como el Talmud, que en este "pasillo" hay que perfeccionarse lo máximo posible, para mejor llegar al otro mundo.

> La santidad es momento. Los que de ella hacen monumentos —este templo, este lugar, esta tumba, esta persona— la desnaturalizan y a lo extraordinario lo reincorporan al reino de lo ordinario, que es el del tener: la cosificación.

Por tanto, obremos en el campo de lo que sabemos.

No hay otro momento que éste. No hay otra ocasión que ésta. No hay que esperar el Gran Acontecimiento. Nosotros lo producimos en nuestros encuentros que se vuelven repentinamente extra-ordinarios. El des-cubrimiento de una rama, la visión reveladora de una nube, o simplemente tu persona, esta que vive conmigo hace treinta y cinco años, y de pronto develo por primera vez con esta manera de ver y de pronto me ves viéndote y te iluminas.

APELEMOS A ROBERTO JUARROZ Y A SU POESÍA VERTICAL

Un día para ir hasta Dios o hasta donde debería estar, a la vuelta de todas las cosas.

Un día para volver desde Dios o desde donde debería estar, en la forma de todas las cosas.
Un día para ser Dios o lo que debería ser Dios, en el centro de todas las cosas.
Un día para hablar como Dios o como Dios debería hablar, con la palabra de todas las cosas.
Un día para morir como Dios o como Dios debería morir, con la muerte de todas las cosas.
Un día para no existir como Dios con la crujiente inexistencia de dios, junto al silencio de todas las cosas.

DIOS AYER, DIOS HOY

El Dios de ayer llamaba, pero no siempre era oído, aceptada su Voz, por el hombre. El Dios de hoy —la idea, la imagen, desde luego— ha cambiado de perspectiva: es el buscado, el llamado, el esperado.

Rainer María Rilke en el *Libro de las Horas* se expresa así:

> *Oh, tú, Dios Vecino, si en la larga noche*
> *te llamo más de una vez con recios golpes,*
> *es porque sé que estás tú solo en la sala.*
> *Y si algo necesitas nadie está ahí*
> *para acercarte el vaso que a tientas buscas.*
> *Yo escucho. Hazme una pequeña señal.*
> *Muy cerca estoy de ti.*

La relación con Dios es de necesidad, búsqueda, imagen de diálogo, de buscarnos, él y yo, imagen de erotismo y deseo como los grandes religiosos de todos los pueblos supieron ver.

ADVERTENCIA

Yo no escribo para que creas, sino para que te informes, e informes a tus hijos. No hay un modelo fijo para la religiosidad. Hay ejemplos, no más, de aquellos que en su creer vivieron experiencias varias.

Escribo para ilustrarte y para mostrarte, objetivamente, qué hay, qué está escrito, qué se dice en las fuentes originales y en la de los comentaristas auténticos, para que ni ustedes, padres, ni sus hijos, caigan en trampas de falsos mesías que pueden destruir vuestras vidas.

El resto es libertad.

No tienes que rendirle cuentas a nadie.

Es tu vida. Y yo me limito a contarte lo que he recogido en mi vida en materia de fe.

EN LA SELVA OSCURA

Paul Groussac, en 1919, se planteaba el tema de la existencia de Dios.

Revisaba la historia del pensamiento humano, desplegado sobre este tema, para concluir que todo ello fue una tarea estéril:

"Me encuentro —escribía en la introducción a *Los que pasaban*— como un viajero que ha pasado toda la noche extraviado en la selva oscura, desgarrándose entre abrojos y espinas, chocando contra los ásperos y retorcidos troncos que se le antojaban pavorosos vestigios, hasta que, a la luz del día, mira en torno suyo el campo despejado y en las ramas, que le parecieran armados brazos de fantasmas nocturnos, escucha gorjear los pájaros".

Es que durante milenios se pretendió demostrar la existencia de Dios. Es imposible. Si existe es infinito, y en consecuencia no puede ser captado por una mente finita, como dijo Descartes. Si no existe, tampoco podría demostrarse.

El tema no pasa, en consecuencia, por la vía del razonamiento. Dios no es una ecuación matemática. Es una respuesta a la dimensión religiosa del hombre. Más que la razón, lo invoca la existencia que busca sentido dentro de un cosmos que también ha de tener algún sentido.

El tema no pasa, en consecuencia, por la vía del razonamiento. Dios no es una ecuación matemática. Es una respuesta a la dimensión religiosa del hombre. Más que la razón, lo invoca la existencia que busca sentido dentro de un cosmos que también ha de tener algún sentido.

A VECES...

A veces hay un enorme silencio, ese que espantaba a Pascal cuando contemplaba el espacio sideral, y uno tiembla de miedo, de ausencia, de desamparo. Uno quiere oír la Voz, quiere percibir la Presencia, pero parece eclipsada. Es el *Deus absconditus*, el Dios escondido, de los profetas. Ausencia de Dios. Desesperación.

A veces se vislumbra una luz, que es de esperanza, de sentido, de flor que se abre, de aroma que se expande y de este yo que es alguien, alguien, para algo.

A eso le digo Dios. A lo otro le digo, imitando a Teresa de Ávila, "tiempos de sequedad", que esperan la lluvia fecundante, el encuentro.

No se demuestra, no. Se muestra. Es algo que brota de adentro, y que hay que dejarlo brotar, dejarlo ser, porque ahí encuentras tu total dimensión humana, y tu conexión con toda la historia, el cosmos, tus padres, tus hijos, la humanidad.
Re-ligio.

TU VOZ EN EL CORO

Estamos dispersos, sueltos, y necesitamos re-ligarnos, para formar el coro que igual formamos, sin saberlo, y que entona la melodía desconocida.

Pero sin tu voz, hijo mío, esa melodía sería incompleta, defectuosa. Por eso eres indispensable.

Pascal hablaba de razones que no son de la razón, que son del corazón. Por ella y para ella vivimos. Lo demás que hacemos es meramente para sobre-vivir.

Vivir o meramente sobre-vivir.

Vivir es amar, y sin razón, meramente con corazón. Co-razón. La razón de ser con el otro. Paul Claudel dividía la palabra francesa *connaître*, conocer, en dos términos: *co-naître*, "nacer con otro"; conocer es co-nacer. Y en hebreo bíblico, conocer es amar.

Para ser elegido hay que elegirse

Vivir es elegir el modo de vivir. El caso más notable, quizá, es el de Moisés. Nació tartamudo, y sin embargo terminó hablando delante del Faraón. Luchó desde el autocultivo y su libertad contra su defecto, y lo superó ampliamente.

Ese Moisés había nacido entre los hebreos cuando ellos habitaban en Egipto, donde eran esclavos. Un día el Faraón decretó:

—Todo niño hebreo que nazca ha de ser hundido y ahogado en las aguas del Nilo. No quiero que ese pueblo enemigo crezca más porque en cualquier momento puede rebelarse y plegarse a nuestros enemigos y destrozarnos.

Y así se hizo.

La madre del niño Moisés no quiso que su hijo corriera idéntica suerte de muerte, y por lo tanto lo ocultó en una cesta, cubierta de brea, y la depositó entre los juncos del Nilo para que el agua se lo llevara a mejor destino.

La hija del Faraón ese día paseaba por las orillas del río con sus damas de compañía. Vio un bulto entre los juncos.

—Recoged esa cosa —ordenó.

Recogieron esa cosa, la abrieron, y ahí apareció la imagen de un niño llorando. La princesa mandó que lo llevaran al palacio y decretó que sería para ella como un hijo.

Moisés ingresó, pues, al palacio y ahí se crió durante largos años hasta que fue un hombre maduro. Imaginad que recibió la cultura más esmerada, amén de los halagos de una vida de puros placeres.

Pero un día, ya grande, decidió salir a la calle, ver qué ocurría fuera del palacio. En las calles había un tumulto. Moisés se acercó a ver. ¿Qué vio?

Un hombre, fuerte, grande, de aspecto saludable y enormes músculos, que golpeaba a un desvalido esclavo, piel y huesos, demacrado, amarillento que se arrastraba sin remedio por el suelo.

Moisés se indignó. Intervino.

—No lo golpees más. ¿Con qué derecho lo azotas de esa manera?

El hombre fuerte lo contempló de pies a cabeza, con sumo desprecio.

—¿Quién eres tú para venir a dar órdenes?

Se trenzaron en una dura y cruel pelea de vida o muerte. El

egipcio fue enterrado en las arenas. Moisés supo que el golpeado era hebreo, esclavo. Más tarde no faltó quien le hiciera saber que él mismo, Moisés, era de origen hebreo.

Días más tarde presenció una escena semejante. Ahora la lucha era entre dos esclavos, entre dos hebreos, es decir hermanos.

—¿Por qué golpeas a tu hermano? —exhortó Moisés.

El más fuerte, el que llevaba las de ganar, se detuvo lo miró y con gesto de asco le dijo irónicamente:

—¿Acaso piensas matarme como mataste al egipcio?

—No lo maté, fue una pelea, y él...

Más no dijo. Se dio vuelta y salió corriendo. Escapó al desierto. Sabía que lo atraparían ahora y sería encarcelado, sobre todo si lo denunciaban sus propios hermanos.

Huyó al desierto. Allí se hizo pastor. Comenzó una vida nueva, sin palacio, sin riquezas, sin protección, a la intemperie. Se volvería profeta de Dios, pero no lo sabía. Sabía qué elegía de entre los elementos que la vida había puesto a su disposición, y qué desechaba.

Eligió.

Los valores aprendidos en el palacio no lo satisfacían. Le enseñaron matemáticas, música, libros antiguos, cómo tratar a los esclavos y cómo tratar a los superiores, pero no le enseñaron el valor del prójimo y de la bondad y de la justicia.

Eso se lo buscó solo. Lo encontró en su interior, y se le impuso.

Por eso huyó al desierto, a empezar de nuevo, a renacer.

LA ZARZA QUE ARDE

En el desierto, Moisés se hizo pastor de ovejas. Quería alejarse de los hombres que tanto mal le habían hecho. Contemplaba los cielos, aguardaba las lluvias, buscaba manantiales para abrevar a sus animales.

Un día avistó en el desierto desde lejos un fuego.

—¿Qué será ese fuego? —se preguntó. Y luego se dijo—: Acerquémonos a ver.

Se dirigió al lugar. Cuando ya estaba cerca tomó conciencia de que era una de esas zarzas espinosas que crecen en el desierto y el sol suele incendiar. Se acercó más. Algo lo llenaba de asombro:

—La zarza arde y no se consume, ¡qué extraño! —exclamó.

Y se aproximó más para contemplar el maravilloso espectáculo. Entonces oyó una voz que lo convocó y le dijo:

—Moisés, limpia tus pies del polvo de los caminos, porque el lugar donde estás es lugar de santidad...

Era la primera vez que oía la voz de Dios.

El lugar donde se oye la voz de Dios, aprendió, es lugar de santidad. No había nada ahí, salvo arena y zarzas, y sin embargo era lugar de santidad. Lentamente fue captando la experiencia que vivía.

Esa voz era exigente. Quitarse el polvo de los caminos, ordenaba. Empezar de nuevo. Sacarse de encima lo que se había adherido a sus pies, a su cuerpo. Nacer de nuevo. Esa era la exigencia. Y luego escuchó el mensaje:

—Debes volver a la tierra de Egipto a liberar al pueblo de su esclavitud.

Entendió que Dios era una exigencia de lucha por la libertad. Eso fue lo que aprendió: debía modificar su vida, retornar al lugar de origen para luchar por una causa superior, la libertad de la gente, de las mentes. Esa voz no prometía delicias, sino que reclamaba una vida pura y profunda, vivir para algo.

DOS TEORÍAS DEL CRECIMIENTO HUMANO

La sensibilidad nace con la persona. El que nace, ese hijo tuyo, no es una cosa, es una esponja que va absorbiendo todo el mundo exterior y lo elabora en su interior.

Al respecto polemizan dos bandos: unos son los genetistas que sostienen que el ser humano, el individuo, está predeterminado a través de sus genes, y éstos lo empujan a ser todo lo que es y a no ser todo eso que deja de ser. La teoría opuesta es la ambientalista. Pone todo su acento en el medio ambiente, el entorno dentro del cual el recién nacido se cría. Ese medio ambiente lo va troquelando, con sus ejemplos, sus normas, sus costumbres, sus maneras, sus exigencias, sus fiestas, sus creencias, y va como esculpiendo la figura espiritual del niño.

> Somos consecuencia de nuestra familia, su cultura, sus gustos, sus amigos, nuestros amigos, maestros, figuras múltiples que desde el nacimiento han dejado en nosotros la impronta de su modelo. Sobre ese fundamento crece nuestra personalidad.

En esta versión somos consecuencia de nuestra familia, su cultura, sus gustos, sus amigos, nuestros amigos, maestros, figuras múltiples que desde el nacimiento han dejado en nosotros la impronta de su modelo. Sobre ese fundamento crece nuestra personalidad.

Claro que ninguna de las dos teorías puede ser obviada. Uno nace con cierto bagaje de genes, talentos, vocaciones y también cierto bagaje de carencias, ausencias. Algunos están más dotados para la música que otros. Y lo mismo pasa con las matemáticas.

Unos, como dice Jung, son introvertidos, es decir volcados hacia adentro, inhibidos, vergonzosos, más bien solitarios. Otros en cambio son extravertidos, nacidos para la sonrisa social, la facilidad de hacer amigos, de decir lo primero que les viene a la boca, de estar en el ruido, en la fiesta, en la sociabilidad.

Pero lo glorioso del hombre no es que nace de una u otra manera, sino que se hace de una u otra manera. La grandeza del ser consiste en que es capaz de luchar contra incapacidades naturales y vencerlas, y en otros casos, inversamente y tristemente, no usa los dones con que ha sido dotado.

Somos genes y ambiente. Yo y mi circunstancia. Y finalmente lo que yo hago de mis genes y de todas las influencias que hay a mi alrededor y que me riegan, como una planta.

Pero no las admito a todas. Selecciono. Soy libre. Hay un motor en mí que va grabando en la mente ciertas situaciones y desechando otras. Me admiro de mí mismo cuando recuerdo frases, escenas, dichos, cuentos, teorías que escuché en mi infancia o juventud, y están ahí, dentro de mí, inexpugnables.

¿Me interesaban esos temas a mí?

Hoy entiendo que a mi yo consciente no le interesaban, pero a mi ser profundo, inconsciente, le interesaban mucho. Algo dentro de mí tiraba hacia ellos. Afiches de la calle, canciones de la radio, comentarios al paso.

El hombre es, pues, un misterio en definitiva. Pero esos dos polos no pueden ser negados. Uno es el que dice:

—Naciste para ser....

El otro polo dice:

—Nosotros haremos de ti...

Y está el tercer polo, el oculto, el que va construyendo su vida tomando de aquí y de allá, y esa es propiamente la persona.

Finalmente uno se elige.

EN LA NATURALEZA NO HAY LIBERTAD

La última versión del hombre en la evolución es definida como *sapiens*. Es decir, el ser que sabe, que conoce, que piensa. La persona intelectual. Y esa sería nuestra virtud superior, aquello que nos diferencia del resto de la existencia. Nosotros pensamos, no como los brutos. Las piedras están condenadas a no moverse ni dejar de ser lo que son salvo lo que de ellas hagan los vientos, los mares, otros seres.

Las plantas crecen, y en la semilla ya está incluido todo el programa futuro de su crecimiento. No pueden elegir ser sino margaritas, o rosas amarillas, o geranios, o abedules. Los animales se mueven. Ello implica cierto grado de libertad. Pero están atados a sus instintos, impulsos internos que hacen que el tigre persiga al cervatillo y lo mate, clavándole los asesinos dientes en el cuello.

Todo lo que existe está programado de una u otra manera. Eso se llama naturaleza, de la palabra *natus*. Significa "nacido". Cada ente viene al mundo o está en el mundo "nacido" con un programa de su computadora vital.

No piensa. El programa piensa. Al igual que esta que va grabando estas letras. No piensa. Toco una tecla y ella responde. No es consciente de lo que hace. No hace nada, funciona. Yo hago, la hago funcionar y ella responde. Es como colocar un ratoncito a disposición de un gato. Pega el salto y lo devora. Como en la irónica fábula de Kafka. El gato no desea devorar al animalucho. Debe hacerlo. Una fuerza desde el interior, el instinto, lo compele, lo obliga a hacerlo. El gato no elige. Desear es elegir. El devorador no elige a su presa. Está condenado a ella, tal cual ella está condenada a él.

No hay libertad en el mundo natural. Y por lo tanto no cabe enojarse si un dogo, en un rapto de furia, te destroza el gato. No le digas:

—¡Perro asesino!

En la naturaleza no hay asesinos. No hay bondad ni hay maldad. Porque no hay valores. Ni hay belleza. No es deseo ni culpa de la orquídea ser tan bella. Nosotros la vemos así. Nosotros le ponemos valores, y decimos "lindo gatito", "perro sarnoso", "bella orquídea".

La superioridad humana

¿En qué, pues, somos superiores? En cuanto cada uno es *sapiens*, puede saber, pensar. Y eso ¿qué tiene de bueno? Pensar significa elegir, poder elegir, y ello nos conduce a la noción de ser libre.

Somos los únicos seres libres. Disponemos por cierto, como todo lo viviente, de instintos: de supervivencia, sexual, de defensa, de agresión. Todo el cuerpo funciona solo, maquinalmente, sin estar esperando mis órdenes, es decir, instintivamente. Pero mi libertad es tan grande que puede regular los instintos más urgentes, es decir ir contra la naturaleza, inclusive.

Hay hombres que aprenden a clavarse clavos, sin sufrimiento y sin hacerse daño. Otros aprenden a ayunar durante largas épocas. Otros desisten del instinto sexual. Otros donan órganos, y de esa manera transgreden la ley elemental de autopreservación, y ponen en riesgo inclusive su propia vida.

> La libertad elige, pues, no en concordancia con los instintos animales sino de acuerdo con los valores humanos.
> Lo que nos distingue son los valores.

La libertad elige, pues, no en concordancia con los instintos animales sino de acuerdo con los valores humanos.

Lo que nos distingue son los valores.

¿Cómo modelar valores positivos para la juventud?

El hombre no nace, se hace. Se hace con aquello que sí nace, esa textura genética que lo configura y que no es más que materia prima. El hombre es la modelación de sí mismo. Escultor y escultura. Miguel Ángel esculpe piedras, mármoles. Pero la vida de Miguel Ángel, en sí, es una obra que nunca termina de modelarse.

Eso somos. Porque somos entre otros. Nacemos y ahí están los otros. Yo soy el otro de otro. Inter-actuamos, inter-crecemos, inter-venimos.

Por más que uno se proponga, como tantos posmodernos declaran con aire de grandeza redentora, no intervenir en la vida de los hijos, en su mero estar junto a ellos y ser percibido *ya es-*

tá interviniendo. No es necesario siquiera que le hable, ya está influyendo por medio de sus otros diálogos. Estamos, somos, influimos, los unos sobre los otros.

Hay una bella página de William Faulkner, de su libro *Absalón, Absalón,* que describe esta situación en una imagen memorable:

"Uno nace y ensaya un camino, sin saber por qué, pero sigue esforzándose; lo que sucede es que nacemos junto con muchísima gente, al mismo tiempo, todos entremezclados; es como si uno quisiera mover los brazos y las piernas por medio de hilos, y esos hilos se enredasen con otros brazos y otras piernas... y es como si cuatro o cinco personas quisieran tejer una alfombra en el mismo bastidor; cada uno quiere bordar su propio dibujo".

LA TRÁGICA BROMA DEL SIGLO

Eso que "uno quisiera" se entrama y complica con los hilos de las voluntades que se trenzan con la mía. Nos influimos. El mito más falso y absurdo de este siglo fue, y para muchos sigue siendo:

—¡Que los chicos crezcan solos!

Una broma. Triste broma. La mínima verdad enseña que se nace y se crece a la sombra de otros que ahí están con nosotros, antes que nosotros. Nuestros hijos, los actuales jóvenes advinieron, como todas las generaciones, a un mundo que —para seguir con Faulkner— es un amplio bastidor de valores y de modelos. Y cuando quisieron ensayar el propio dibujo terminaron haciendo, por cierto, el dibujo ajeno, el aprendido de padres, calle, televisión, políticos, los otros, todos los otros.

La pregunta por tanto, para ir al grano, no es:

—¿Viste como es la juventud actual? —con supina admiración e inocencia. Sino:

—¿Viste lo que hicimos, nosotros, todos los otros que somos nos, para que la juventud actual sea como es?

La sociedad, la totalidad de los otros, así la cinceló, y así salió. El tema no es para llorar ni para fustigarse el pecho con gemebunda mea culpa.

No. El tema es preguntarse qué hacer para que los jóvenes no sean como son.

TUS HIJOS NECESITAN MODELOS, NO DISCURSOS

Valores, es la respuesta.Valores. Palabra que nos inunda por todos los resquicios de la realidad, cuando ésta amenaza con vagos naufragios.

Se habla de valores. Y eso es lo primero que hay que dejar de hacer: hablar. Tiempo es de modelar valores. Los valores existen sólo y tan sólo en las acciones, y éstas no necesitan de palabras.

Se habla de valores. Y eso es lo primero que hay que dejar de hacer: hablar. Tiempo es de modelar valores. Los valores existen sólo y tan sólo en las acciones, y éstas no necesitan de palabras. La Madre Teresa de Calcuta nunca, creo, dio lecciones de axiología (ciencia de los valores). Dio, sí, lecciones de vida. En cada uno de sus actos, y en todas las horas de su día.

A nadie se le pide que sea de la altura espiritual del modelo citado. Pero sí se le pide que sepa que, quiéralo o no, está modelando. En el doble sentido del término: a) es un modelo de vida que se muestra a los otros, y en particular y con especial influencia a los jóvenes; b) ese modelo —positivo o negativo— al influir, está modelando, dando forma, a otras vidas.

CAPÍTULO IX

EL ARTE DE SER PERSONA

EL SER PERSONAL

Está el individuo y está la persona. La persona es la portadora de valores. El individuo puede ser feo, y la persona en cambio ser una bella persona.

Nosotros, Jaia y yo, nos seguimos viendo, largas semanas. Nos peleamos, discutimos, nos dijimos más de una frase ofensiva, pero nos necesitábamos.

La persona necesita a la persona. Ese valor se llama afecto, se llama amor. No es un negocio manejado por la inteligencia (y cuando lo es, lamentablemente de amor no tiene nada) según el cual "me conviene" ligarme a ti. No. Es una entrega por un valor que como dice el pueblo se expresa diciendo "contigo pan y cebolla".

Te necesitaba. Pensaba en ti. Soñaba contigo, con nuestra unión. Te deseaba. No tu cuerpo. Nunca se desea un cuerpo. El cuerpo es un pretexto para el deseo. Te deseaba a ti, persona. El sexo puede desahogarse de mil maneras en miles de cuerpos, y no deja huellas. Nuestros encuentros dejaban huellas.

Como dice Salomón, el rey sabio: Hay cuatro cosas que no sé y tres que no alcanzo a captar:
— el camino del águila en el cielo;
— el camino de la serpiente en la roca;
— el camino del barco en alta mar;
— y el camino del varón en la mujer.

Huellas. Todos los seres dejan huellas en el camino que se borran, o desdibujan. Pero las huellas de un hombre dentro de una mujer no están afuera, no se dibujan, están adentro, en el sentimiento, en el sentido, en el valor.

En la memoria. El valor del encuentro. Ni cuerpos ni almas, personas y valores.

MEDITACIÓN DEL MURO Y LA HIEDRA

En el contrafrente de mi casa tengo una amplia ventana. Frente a ella escribo, leo, medito. Se ve el cielo, edificios, el patio de una escuela, el busto de Sarmiento, desechos de bancos y hierros. Pero enfrente, bien enfrente, directamente enfrente veo el muro que separa mi edificio de la escuela. Este muro era hermoso cuando estaba tapizado por una hiedra intensa, espesa, verdísima. Uno entraba en la habitación y la hiedra, ese tapiz de naturaleza pura, salía al encuentro, y en días de primavera y de primorosa luz resplandecía de maravilla.

Un día abrí la puerta y vi que el muro era ladrillos, argamasa marrón, sucio, muy poco estético para mi paladar, y me quedé triste, muy triste. Pregunté que había pasado. Me informaron que los vecinos, dueños del muro, decidieron quitar la hiedra porque los animalitos se colaban por ella, y eso les producía muchos inconvenientes.

Desapareció la hiedra. Quedó el muro pelado, feo, cumpliendo la función estricta que le corresponde, la de ser muro.

Con el tiempo fui disfrutando al ver que la naturaleza, como su raíz lo indica, es *natus*, nacimiento, renacimiento, y de los residuos de aquella hiedra y por otros mecanismos que tienen las cosas verdes para perpetuarse, nacieron arbustos que empezaron a recubrir el desnudo muro. Pero ya no fue lo que era. Crecimientos caóticos, totalmente improvisados, ramas y hojas sueltas, individualistas, fuera de todo esquema, régimen, programa, celebrando la vida pero para cualquier lado.

Procuré acomodarme a la nueva visión, con ánimo hinduista y panteísta, procurando ver lo que no veía, la belleza. Y ahí estamos y seguimos estando.

Anteayer hubo tormenta.

Hoy salí al balcón y miré, y descubrí que debido a la tormenta parte del muro, una de sus esquinas, se había desplomado. Medité: he ahí una venganza de la hiedra. Y a raíz de eso escribo aunque no es mucho ni muy lejos lo que puedo alcanzar con mis sinapsis.

Me pregunto cuanta contención podría haber significado la hiedra, ordenada ella, totalmente armonizada y armonizante, para ese amontonamiento de pesados ladrillos, cemento, barro, cal y arena. La pobre hiedra más que belleza de telaraña ecológica no tiene. Y sin embargo quiero soñar que de esa telaraña dependía el muro. Dicho en otros términos: era parte del muro, la más inesencial, la más accidental, la más prescindible, pero parte al fin, y, tal vez, tenía alguna función especial en la supervivencia del muro.

¿QUÉ SOMOS?

En realidad la metáfora no vale para ese muro, pero sí para los muros que representan los haberes éticos de la cultura, de la coexistencia, de eso que llamamos vida y que no alude a la existencia biológica, y que no es lo contrario de muerte, sino más bien lo contrario de sin sentido y de azar desesperado o meramente tedioso.

La hiedra es la conexión semántica donde los fuertes o débiles o fantásticos o arrobadores momentos de la existencia se insertan, como los pedregullos sueltos dentro de algún diseño que luego será el mosaico.

Somos hiedra. Totalmente endeble, frágil, irresistible.

Somos las costumbres que tenemos, los hábitos, las rutinas comunicativas, los gestos y los gráficos sobre los que inscribimos nuestra creatividad, la novedad de nuestras rebeliones, y la negación de los muros establecidos.

La hiedra es el código. La modernidad cumplió la fantástica misión de hacer ver la desnudez interna de tantos muros y tantas fronteras y tantos reinos y autoridades omnipotentes, que reprimían la vida y la hundían en fangos de irracionalidad.

> Somos las costumbres que tenemos, los hábitos, las rutinas comunicativas, los gestos y los gráficos sobre los que inscribimos nuestra creatividad, la novedad de nuestras rebeliones, y la negación de los muros establecidos.

Es como arrojar al suelo todas las letras y las palabras de un libro que no sirve más. El libro es la hiedra, y merece nuevo contenido. Si la hiedra también es arrojada nos quedamos totalmente desnudos, incomunicados y deberemos encarar la difícil tarea de inventar otra hiedra.

Pero eso no lo podemos hacer. El tiempo lo hace solo, la tradición, las creencias básicas que nos sostienen son telaraña tejida a través de generaciones.

Ese complejo de creencias, en uno de sus códigos, decía "relación de hombre-mujer", y luego sostenía toda una normativa que resultó ser decadente, absurda y desechable.

Después se arrojó del código los términos hombre-mujer. Quedaba relación.

Ahora uno se pregunta por qué relación.

La hiedra se vino abajo, y detrás de ella el muro se va desgranando en pedazos, y nadie es más feliz. De eso se trata, no hay que olvidarlo. El proyecto era ser más feliz o más contento o más uno mismo o más auténtico o más libre. Uno más positivo y dichoso.

Estamos en el menos y hay que revisar el origen del déficit. Esto no lo harán los economistas. Es tiempo de pensadores.

Los arbustos sueltos siguen creciendo sobre el muro, luchando entre sí, porque son diferentes, y de una u otra manera, heterogéneos, enemigos, y no están dispuestos de ninguna manera a armar un nuevo tapiz.

¿Relación?

Ninguna.

Y sin embargo existo. Pero a diferencia de Descartes no dudo. Para dudar hay que tener alternativas. Hasta las alternativas se borraron del horizonte.

Estoy haciendo un esfuerzo por ver en este caos de plantas, arbustos, hojas y el muro ya definitivamente inclinado una imagen referida a algún nuevo sentido.

Por ahora, confieso, me cuesta. Y me duele.

ALGUIEN NOS ENGAÑÓ

Pero alguien nos engañó en el siglo y nos educó en el cultivo de cuerpos, de negocios, de intercomunicación, de evaluar y desprenderse de valores, y no nos fue bien, hay que confesarlo.

La autopista esta despejada. Ya nada nos obliga a comunicarnos. Cerramos ventanillas. Abrimos radios. Noticias, músicas, ruido, mucho ruido para que la cabeza no piense y el pie sobre el acelerador no vacile. ¡Adelante! ¡La vida nos espera! Sueltos, libres, sujetos y objetos de nuestra propia aventura.

¿Cómo terminará? Qué importa. No termina.

No hay otra cosa que aventura, y el baile de fin de semana rociado de alcohol y suaves drogadicciones, más el sexo, mandamiento del cual ya nos estamos francamente aburriendo, porque cómo puede haber deseo ante hechos consumados antes de realizarse, donde no hay ansiedad, ni espera, ni juego, sino mero tecnicismo *do ut des*, te doy para que me des.

170

Como en *Alice*, esa creación fílmica de Woody Allen. La protagonista, Alice, se encuentra con su amante y mientras él intenta desvestirla ella le cuenta la película que vio sobre sobre la madre Teresa y las lágrimas que derramó en esa ocasión, porque ella, Alice, nació para ser como Teresa, y mientras tanto él le va desabrochando el vestido, la tira sobre la cama, y ella sigue hablando de la madre Teresa, ideal de su vida, y él le dice que no esté tan nerviosa, y ella le dice que nunca lo había hecho antes con nadie que no fuera su esposo, y después transcurre, sin detalles, el gran acto de la gran consumación del gran mandamiento sexual del siglo, en el cual ni él ni ella mantienen interés, pero tienen que hacerlo, porque es mandamiento kantiano.

Luego, en pijamas ya, ella pregunta:

—¿Qué tal estuve?

Y él dice:

—¡Magnífica!

Y él pregunta:

—¿Y yo?

Y ella dice:

—¡Verdaderamente excepcional!

Y ambos son felices porque las piezas se engarzaron bien y los aparatos funcionaron como se debe y fue una buena performance para cada uno, aunque después de eso ya no saben de qué hablar, cómo estar, para qué estar y qué decir.

EL SER INTERIOR Y SU VACÍO

Todo lo que se dice del hombre suele empezar con la formulación "el hombre es el único ser que..."

No pretendo evadir esa prisión. Al contrario, me acojo a su clasicismo para decir algo antiguo como el hombre, y registrado en todas las culturas.

El hombre es afuera y adentro. Es el único ser que tiene vida interior y que cuando no hace nada sigue haciendo pero no hacia afuera sino hacia adentro, pensando, sintiendo, recordando, imaginando, diciéndose.

> El hombre es afuera y adentro. Es el único ser que tiene vida interior y que cuando no hace nada sigue haciendo pero no hacia afuera sino hacia adentro, pensando, sintiendo, recordando, imaginando, diciéndose.

Siempre que me hablan de "educación activa", me viene a la

171

mente *El Pensador* de Rodin (cuya réplica nos honra en la Plaza de los Dos Congresos). Está sentado, el sujeto, con la cabeza apoyada en un puño. Inmóvil. ¡Pero cuánta movilidad interior! Eso es actividad, la del hombre interior que, según Agustín de Hipona, sólo en él reside la verdad.

De modo que el mito de la educación activa como participación, movimiento, hacer cosas, provocar experimentos, distorsiona la única actividad creadora de la persona, que es la de su alma afectiva e intelectiva. Lo demás sirve para el aerobismo, para bajar de peso.

En el alma, lo que conviene es arrojar lastre, pero subir de peso, de peso espiritual. Y de ello debería ocuparse la educación, que de lo demás no hay que preocuparse, se ocupa la calle, la publicidad, y sobre todo la pantalla televisiva que nos in-moviliza, es decir estupidiza.

Esto, lo de la estupidez, proviene del estupor. Uno queda ahí, estupefacto, es decir paralizado, y las máquinas interiores se detienen todas, tanto que luego cuesta, realmente, aceitarlas para ponerlas de nuevo en marcha. Porque en última instancia somos solamente interiores por más exteriores que seamos o pretendamos ser.

Hace ya varios siglos se viene creciendo en el descubrimiento de que todo lo que afirmamos del mundo exterior es algo que brota de nuestro mundo interior, donde se cocinan, labran, mixturan y cuelan las im-presiones (hacia adentro), y luego brotan desde adentro en la forma de ex-presión, presión hacia afuera, que en francés se dice bellamente exprimir. Exprimir. Como se exprime una naranja. Para eso, antes, hay que tener naranja.

MEDITACIÓN DE LA EXPRESIÓN COMO GRAN DERECHO

Expresarse, se ha dicho, es bueno. ¿Bueno para quién? La expresión, sobre todo de alumnos, jóvenes, estimulada en sí y por que sí nada benéfico trae, salvo la soberbia.

De lo que se infiere, sin ofender a nadie, que si nada hay adentro difícilmente lo que se exprese sea algo más que la nada. Con esto ataco el mito del siglo que estimula la expresión a toda costa. Expresarse, se ha dicho, es bueno. ¿Bueno para quién?

La expresión, sobre todo de alumnos, jóvenes, estimulada en sí y por que sí nada benéfico trae, salvo la soberbia —que conclu-

172

ye en el estupor de la estupefacción de la estupidez— de siempre hablar sin decir nada.

Aquí el ejemplo mayor lo aprendemos de Dios. Cuando Él decía "la luz" era la luz. Si no, se callaba. Expresión hacedora y comprometida.

Cuando los teólogos hablaban de *imitatio Dei*, se referían ante todo a esto. Dios es modelo de conducta. Compórtate como Él.

—¿Y eso en qué consiste? —preguntará alguien.

Lee la *Biblia*. Siempre que Dios decía algo, decía ALGO, algo que reclamaba un cambio, un movimiento, una responsabilidad.

Imagínate si así nos comportáramos nosotros. Habría más silencio y mayor comunicación.

NIKOS CONTRATACA

De eso precisamente charlamos una vez con Nikos, amigo mío, sobre las riberas del río Luján, bien servidos con un simple asado a la criolla regado con vino nacional, ya que importado no había.

Enterado de que estaba escribiendo este libro me dijo, con desprecio:

—¿Vos sabés que yo soy ateo, no?

—¿Y si sos de izquierda cómo no vas a ser ateo? — le respondí con sumo respeto.

El percibió ironía, no respeto.

—Y decime, ¿qué corno tiene que ver lo uno con lo otro? ¿Qué maldita inferencia hiciste, bien a la burguesa? —se enojó.

—Así como algunos nacen y el medio en que se desarrollan los condena a ser de Boca o de River, del mismo modo otros crecen y saben que son de izquierda aunque no sepan bien de qué se trata, y luego aprenden unas cosas más, elementales, como ser que la culpa de todo la tiene Estados Unidos, que si no fuera por el FMI no tendríamos deuda, y que uno debe ser ateo sin mayores vueltas. No veo por qué tenés que ofenderte.

Se encabritó.

—¿Querés decirme que nuestra desgracia no proviene del FMI?

—No eludamos el tema. Otro día hablaremos de esto. Ahora hablamos de Dios.

—No existe —dijo, y se bajó una tripa gorda de un saque meteórico.

173

Yo me dije que ese diálogo no tenía sentido, y me dediqué al vacío, antes de que se enfriara. Y al chimichurri, claro. Entonces siguió hablando él.

—No existe, entendés. Yo no niego a Dios, no soy ateo. No existe y por lo tanto no puedo ser nada, ni a favor ni en contra.

Esa me gustó, francamente.

—Pero contame una cosa, Nikos, vos que sos un tipo pensante —se lo digo siempre, y le encanta que se lo diga— ¿qué diferencia habría si vos no fueras ateo, si fueras teísta, es decir creyente en la existencia de Dios?

Se quedó perplejo. Silencio. El tenedor colgaba entre los sauces que se mecen sobre el río Luján. De lejos se veía, única, extraña, como fuera de lugar, la Catedral.

Yo seguí hablando. No quería comer más. Exceso de carne, y además está el tema del colesterol, y además sufro de ácido úrico, no sé si les conté. Abandoné la partida materialista y me dediqué al Logos, es decir, la palabra, la reflexión.

EL INFIERNO TAN TEMIDO

En el mundo del autoritarismo y de la ética impuesta, el miedo era el factor condicionante del orden social. Miedo a los otros, miedo a Dios, y miedo al infierno.

Aparece Voltaire y descubre que no hay infierno. El filósofo francés se explica de esta manera:

"Desde que los hombres vivieron en sociedad, debieron de comprender que muchos culpables escapaban a la severidad de las leyes; éstas castigaban los crímenes públicos; hubo que poner una valla a los crímenes secretos; sólo la religión podía hacer estas vallas. Los persas, los caldeos, los egipcios, los griegos imaginaron castigos para después de la vida...".

Luego cita a alguien que dijo (y seguramente es él mismo):

"Amigo mío, no creo más que tú en la eternidad del infierno; pero sabe que es útil que tu sirviente, tu sastre y, sobre todo, tu procurador crean en ella...

...En una palabra, señores, todos los hombres no son filósofos".

Hoy le pegaríamos. Pero en esos tiempos, aunque Robespierre y otros hacían de las suyas, eran bastante tolerantes con ideas extravagantes.

En síntesis, Voltaire dice:

—El infierno existió para asustar a la gente y obligarla a portarse bien.

—El infierno no existe, lo sabemos nosotros, los pensadores.

—Para la masa del pueblo más vale que siga existiendo, porque si no será un desastre. Cuando todos sean cultos y pensantes podrán, también ellos, prescindir del látigo del infierno y ser personas éticas.

Explica Voltaire:

"Hoy que ningún habitante de Londres cree en el infierno, ¿qué hacer?, ¿qué valla nos queda? La del honor, la de las leyes, aun la de la Divinidad que, sin duda, quiere que seamos justos, haya o no infierno".

Suprimido el infierno, el grande, el cósmico, aparece el infierno del otro. Eso es de otro francés, pero de nuestro siglo, Sartre. Y el otro es infierno porque él también quiere ser él mismo, y así se hace muy difícil vivir.

Habrá que apelar a la ética, no para conseguir el paraíso, pero sí para reducir el infierno.

PROFETAS Y SACERDOTES

Si bien la ética se comprende al pensar sus principios, no es un capricho subjetivo. El subjetivismo es positivo cuando produce héroes, que no necesitan de la ética pero que son promotores de la misma. Llámense Moisés o Confucio, Jesús o Buda. En ellos la libertad, en efecto, se desata en sus éxtasis personales, en cumbres de montañas soleadas, inefables. Pero su última finalidad es ética, es decir los demás, y no pueden prescindir del doble juego, del desierto para encontrarse con Dios o con la conciencia universal, en plenitud de soledad, y de la ciudad, el ámbito de los otros y los todos, para comunicarles y en esa comunicación hallar el sentido del propio mensaje.

Ese doble camino, del héroe que se aleja para buscarse, y que vuelve para encontrarse fue muy bien captado y descrito por Arnold Toynbee en su *Estudio de la historia*. A este movimiento lo llama el autor inglés "retiro y retorno".

"El retiro permite a la personalidad dar realidad dentro de sí a poderes que podrían haber quedado dormidos si ella no hubiera estado libre durante algún tiempo de sus afanes y dificultades sociales...

...El retorno es la esencia del movimiento entero, así como su causa final".

El primer movimiento, hacia arriba, es místico. El segundo, hacia abajo, hacia la masa, a fin de que la masa se eduque y luego también ella, en cada uno de sus miembros pueda ascender, ese movimiento es ético.

El vero conductor de un pueblo procura su propia e interior exaltación para derramarla luego sobre los demás.

IDEA DE FREUD SOBRE LA RELIGIÓN

Hay una pugna entre individuo y civilización. Para vivir en común debe sacrificar sus tendencias, gustos, instintos. Dice Freud en *El porvenir de una ilusión*:

"Experimentamos así la impresión de que la civilización es algo que fue impuesto a una mayoría contraria a ella por una minoría que supo apoderarse de los medios de poder y coerción...".

Hubo progreso en el mundo de la naturaleza y todos nuestros avances. "No puede hablarse de progreso análogo en la regulación de las relaciones humanas... Parece más bien que toda la civilización ha de basarse sobre la coerción y la renuncia a los instintos y ni siquiera puede asegurarse que al desaparecer la coerción se mostrase dispuesta la mayoría de los individuos humanos a tomar sobre sí la labor necesaria para la adquisición de nuevos bienes... Todos los hombres integran tendencias destructoras, antisociales y anticulturales".

> "Parece más bien que toda la civilización ha de basarse sobre la coerción y la renuncia a los instintos Todos los hombres integran tendencias destructoras, antisociales y anticulturales."

La pregunta de Freud es si se podría aminorar y en qué medida los sacrificios impuestos a los hombres para que renuncien a sus instintos.

Freud es un iluminista. Sueña que "nuevas generaciones, educadas con amor y en la más alta estimación del pensamiento, que hayan experimentado desde muy temprano los beneficios de la cultura, adoptarán también una distinta actitud ante ella, la considerarán como su más preciado patrimonio y estarán dispuestas a realizar todos aquellos sacrificios necesarios para su perduración... Harán innecesaria la coerción... Si hasta ahora no ha habido en ninguna cultura colectividades humanas de esta condición, ello se debe a que ninguna cultura ha acertado aún con instituciones capaces de influir sobre los hombres en un tal sentido y precisamente desde su infancia".

Freud cree pues en la posibilidad de negar la coerción, al modo kantiano, diría yo, pero no ha sucedido aún, porque no se ha dado en el clavo, digamos, educativo institucional. Esto fue escrito en 1927. Setenta años más tarde notamos que todos los clavos —instituciones, metodologías— no han movido un pelo el progreso interior humano. Hay que tener alguna causa superior para sacrificarse. Freud cree en el conocimiento, en el intelecto y diría que si todos fueran igualmente educados en las alturas tendríamos una sociedad genial aun eso estaría por verse.

Su utopía es: a) epistemológica; b) social; c) intelectual-moral. Luego reconoce que en la utopía, aun si se diera, "probablemente un cierto tanto por cierto de la humanidad permanecerá siempre a social, a consecuencia de una disposición patológica o de una exagerada energía de los instintos", pero sería ya mucho, dice Freud.

En la evolución se pasa de la coerción externa a la interna, a la del superyó. Además de en general la opresión de los individuos, es obvio que hay una opresión ostentosa de ciertas clases privilegiadas sobre las menos afortunadas, y éstas entonces desarrollan una hostilidad mayor, porque trabajan pero no disfrutan de los bienes.

En tiempos idos ese displacer se canalizaba en la comunión de todos contra un enemigo exterior, común, que daba rienda suelta a ese odio, al resentimiento. Pero lo más compensatorio son las ilusiones, entre ellas sobre todo las ilusiones religiosas. "La función capital de la cultura, su verdadera razón de ser, es defendernos contra la naturaleza", que es destrucción, tempestad, muerte.

"...el hombre gravemente amenazado demanda consuelo, pide que el mundo y la vida queden libres de espantos... exige respuestas...".

Ese hombre está en regresión a la infancia: indefenso. ¿Cómo se defiende? A través de la fantasía, animando la naturaleza, haciéndola sujeto de sus acciones, transformándola en padre, en dioses. Ya no es una ceguera la que nos persigue, sino una voluntad de alguien que maneja los hilos de la naturaleza. Pero si son seres, son dioses, puede negociarse con ellos, complacerlos, expiar, comprar. Todo adquiere sentido.

Tebas tiene una peste porque hay una causa: el crimen de Edipo. Hay un propósito y podemos alcanzar la dicha o la desdicha según nos comportemos con los dioses. Así hasta llegar al monoteísmo, con un solo dios, el Gran Padre.

Hans Vaihinger habla de la filosofía del "como si". Así dice: "En el círculo de las ficciones no incluimos tan sólo operaciones teóricas indiferentes, sino también concepciones creadas por hombres nobilísimos y acogidas en su corazón por la parte más noble de la humanidad aunque no permite que le sean arrancadas. Tampoco nosotros lo intentamos. Las dejamos subsistir como ficciones prácticas carentes de todo valor de verdad teórica".

Pero Freud no acepta que todo sea ilusión. "Lo que diferencia a la ilusión es que tiene su punto de partida en deseos humanos, de los cuales se deriva". Ni es verdadera ni es falsa, en principio no se conecta con la realidad, y podría ser o no realizable. "Los dogmas religiosos son tan irrebatiles como indemostrables".

Freud, sabido es, se inventa un contrincante, religioso, que le dice:

"Todo esto suena muy bien. Una humanidad que ha renunciado a todas sus ilusiones y se ha capacitado así para hacer tolerable la vida sobre la tierra... Creo que hemos cambiado los papeles: usted es ahora el hombre apasionado que se deja llevar por las ilusiones y yo represento los dictados de la razón y del derecho del escepticismo... Para desterrar la religión de nuestra civilización europea sería preciso sustituirla por otro sistema de doctrinas, y este sistema adoptaría desde un principio todos los caracteres psicológicos de la religión, la misma santidad, rigidez e intolerancia, e impondría el pensamiento, para su defensa, idénticas prohibiciones".

Freud: Usted no puede prescindir de sus ilusiones, todo se le derrumbaría. Nosotros, los racionalistas, podríamos soportar la refutación de muchas de nuestras ideas, que se demuestre que son ilusiones, y seguiríamos siendo lo que somos.

Finalmente lo que Freud descubre como basamento firme es la ciencia, pero no la salida de la presión de la civilización por otra vía que no sea la religiosa. Es un ensayo escrito, definitivamente, a favor de la religión. *Lo compuso su inconsciente*.

Termina diciendo:

"...no, nuestra ciencia no es una ilusión. En cambio, sí lo sería creer que podemos obtener en otra parte cualquiera lo que ella no nos pueda dar".

Después de Freud, inclusive Russell y todos los racionalistas, se admite que la ciencia sólo de cosas sabe hablar, no del hombre, de su sentido, de la ética.

Si Freud se recluye en la ciencia, es porque, precisamente, lo demás lo ve negro, muy negro.

El nazismo, entonces en pleno auge, enseñaba que la ciencia y la razón NO son la vida.

CAPÍTULO X

EL RELOJ Y EL RELOJERO

Discusión acerca del alma y de Dios

Dos personajes, Bouvard y Pécuchet, hijos de la pluma del gran Flaubert, se encuentran en la vida y se vuelven amigos, y recorren el mundo en busca de ciencia, conocimiento, recogiendo chismes, supercherías, y todas las temáticas humanas y cósmicas y universales. Hablan de todo, comentan todo, saben de todo, y entre ese todo está la cosa metafísica.

Bouvard representa el punto de vista materialista: todo se reduce a materia, y el espíritu, así llamado, no es sino subrogado, emergente, o consecuencia de la materia.

Pécuchet, en cambio es más bien platónico, idealista, cree en el espíritu y en entes espirituales.

Así que cuando discute del alma, Bouvard alega:

"—Puesto que nuestra alma ha tenido un comienzo, ha de tener un fin y como depende de los órganos desaparece con ellos.

—¡Yo sostengo que es inmortal! Dios no puede querer...

—¿Y si Dios no existiera?

—¿Cómo? —Y Pécuchet recitó las tres pruebas cartesianas: primo, Dios está comprendido en la idea que tenemos de Él; secundo, la existencia es posible; tertio, siendo yo finito, ¿cómo puedo tener una idea de lo infinito? Y puesto que la tenemos, esta idea nos viene de Dios; luego, ¡Dios existe!

Pasó al testimonio de la conciencia, a la tradición de los pueblos, a la necesidad de un creador.

—Cuando veo un reloj...

—¡Sí, sí, ya sé! Pero ¿dónde está el padre del relojero?

—Sin embargo ¡se necesita una causa!

—Del hecho de que de un fenómeno sucede a otro fenómeno no se sigue que derive de él. ¡Pruébalo!

—Pero el espectáculo del universo denota una intención, un plan.

—¿Por qué? El mal está tan perfectamente organizado como el bien. El gusano que crece en la cabeza del carnero y lo mata, equivale, en cuanto anatomía, al carnero mismo... Las tres cuartas partes del globo son estériles...

—Sin embargo — replica Pécuchet— el estómago está hecho para digerir, las piernas para andar, el ojo para ver, aunque hay dispepsias, fracturas y cataratas. No hay orden sin finalidad..."

Luego apelan a un maestro para que les explique el pensamiento de Spinoza al respecto. El filósofo judeo-holandés expresó sus ideas en forma de fórmulas matemáticas, y su principio básico dice: Dios es la sustancia, en sí, por sí, sin causa, sin origen, y no necesita de ningún otro ser para existir. Si otro ser existiera, por tanto, estaría limitando a Dios, lo cual niega la definición primera que habla de la no necesidad divina de nadie y de su ser infinito. Otra existencia lo limitaría. En consecuencia, sólo Dios existe o todo lo que existe es Dios.

Decir Dios o decir Naturaleza o decir Realidad es siempre decir lo mismo. Ese sistema se llama panteísmo (pan, todo; teísmo, divinidad). Todo es la divinidad, o la divinidad es todo. Ahí no hay libertad, ya que todo es ley y por lo tanto necesidad.

En estos textos citados tenemos un breve resumen de las diversas posturas filosóficas cuando se discute acerca de Dios. Se llega a nada. Porque se parte de palabras, de definiciones, y de ahí se extraen inferencias. Si el opositor no está de acuerdo con los postulados, es decir con las primeras definiciones de su contrincante, el diálogo se vuelve imposible. Así como hay juegos de letras, hay juegos de palabras, juegos de creencias, y hay que ponerse de acuerdo en las reglas del juego porque si no el juego es imposible.

LA VIDA ANTERIOR DEL ALMA

Conviene que repasemos los argumentos esgrimidos.

El alma no nació con el cuerpo. En realidad el alma, según explica Platón y otros que usan sus mismos postulados, proviene de una vida anterior.

Primero tenemos el tema del alma. Pécuchet sostiene que es inmortal, es decir que sobrevive después de la muerte del cuerpo. Bouvard considera que nació con el cuerpo y con el cuerpo muere.

El argumento contra Bouvard —para conocimiento del lector, aunque Pécuchet no lo menciona— es el siguiente: El alma no nació con el cuerpo. En realidad el alma, según explica Platón y otros que usan sus mismos postulados, proviene de una vida anterior (en el budismo se trata de reencarnación; pero en la filosofía occidental es una vida puramente espiritual) sin cuerpo, vida de pura idea, que cae dentro de un cuerpo y le da vida. Cuando esta vida se retira, también el alma se vuelve a sus aposentos originales en el mundo supersensible de donde provino.

Un argumento para demostrar la existencia de Dios

En cuanto a los argumentos de la existencia de Dios, se parte de Descartes y lo dicho se resume, en mi terminología, de este modo:

—Si uno tiene la idea de Dios, Dios existe. Porque la idea de Dios implica un ser infinito, y yo soy finito, y algo finito, limitado. ¿Cómo puede lo finito contener lo infinito? Puede. Dios así lo quiso, por lo tanto Dios puso su idea en mi cabeza y eso obliga a que Dios exista.

O, visto de otro ángulo: uno dice Dios y está diciendo el ser perfecto. Todo ser tiene esencia y tiene existencia. Digo mesa, y digo una esencia de un objeto. No es necesario que exista la mesa, puede no existir. Porque la mesa es imperfecta, puede ser, puede no ser. Pero si digo Dios, pronuncio la esencia de la perfección y ello exige que exista, porque si no existiera sería algo imperfecto, lo cual es imposible por definición.

Si Dios es bueno ¿cómo es que el mundo es tan malo?

Finalmente, para no abundar en honduras teológicas, está el tema del universo. Si algo existe, una causa tuvo que haberlo provocado. Lo que existe es efecto de una causa. Esto remonta más bien a Aristóteles. Contemplamos el mundo y nos preguntamos quién lo hizo. Vemos un reloj y decimos que lo hizo el relojero (esto alude a un filósofo alemán, Gotfried Leibniz, que veía a Dios como el Gran Relojero que nos da cuerda y movimiento a todos nosotros, los relojes, y sincroniza nuestras horas).

Estas reflexiones conducen a la causa de todas las causas que sería Dios. Bouvard ataca ahora por otro lado. Esto que vemos, de bueno no tiene nada. El mundo está lleno de enfermedades, pestes, desastres, y ¿cómo se supone que una Buena Causa, es decir Dios, haya producido tan criticable efecto?

La respuesta de Pécuchet al tema es bastante floja, francamente.

Leibniz, a quien citamos renglones atrás, encaró este tema, y concluyó diciendo no que este mundo era perfecto sino que era "el mejor de los mundos posibles".

LA PREGUNTA DE AUSCHWITZ

En fin el lector puede, si quiere, profundizar este tema y discutirlo con sus amigos en familia o en vacaciones en la playa. Son temas interminables. Todos los de un bando siempre tienen razón entre sí, porque usan los mismos términos, las mismas definiciones, y finalmente llegan a idénticas conclusiones. El bando contrario niega esos postulados, y por tanto francamente el diálogo y la discusión se hacen imposibles.

Los filósofos actuales, lo dijimos, a menos que pertenezcan oficialmente a una religión constituida, eluden el tema o al menos confiesan la imposibilidad de tratarlo racionalmente, o simbólicamente, o como metáforas, como se dice más adelante en el libro citado:

"Los seis días del Génesis (de la creación del mundo según la *Biblia*) quieren decir seis grandes épocas", lo cual concordaría con la ciencia y hasta con el Bing Bang.

Ahora todo es metáfora, interpretación.

Concluimos: el pensamiento religioso es pensamiento a partir de la fe. Establecida la fe y sus postulados, se sigue pensando. Si se acepta ¿qué? Dios creó el mundo, puede divagarse y polemizar porque el mundo es así y no de otra manera y qué le toca a Dios en este ser de la historia y qué a nosotros. Como ser la famosa pregunta:

—¿Dónde estuvo Dios en Auschwitz?

En otros términos, si Dios existe, ¿cómo puede haber sucedido Aushcwitz? ¿Qué le pasó a Dios, qué siesta dormía durante los grandes y terribles genocidio de la humanidad de ayer y de hoy?

La gente quiere que Dios responda. Parten del postulado de que la historia es responsabilidad de Dios.

Yo, como creyente, pertenezco a la línea que sostiene que Dios hizo el mundo y se retiró a sus aposentos a contemplarlo. El resto lo hacemos y lo hicimos nosotros, y en consecuencia no endilgues a Dios lo que es responsabilidad tuya. Y ahora la pregunta cambia:

—¿Dónde estuviste o estás vos cada vez que sucede una desgracia que es producto de nosotros, los humanos, no el desborde de un volcán, sino genocidios, hambres, desolaciones de pestes por falta de medicamentos y otros males que nos asuelan cotidianamente? Al respecto cito el versículo de *Salmos* que dice: "Los cielos son de Dios y la tierra fue dada a los hombres".

> Yo, como creyente, pertenezco a la línea que sostiene que Dios hizo el mundo y se retiró a sus aposentos a contemplarlo. El resto lo hacemos y lo hicimos nosotros, y en consecuencia no endilgues a Dios lo que es responsabilidad tuya.

RELOJ Y RELOJERO

Digo esto porque en el diálogo con los hijos en más de una oportunidad puede darse esta pregunta acerca de la injusticia, del mal, de tanto sufrimiento, de muertes, de niños o de gente buena y santa.

Sugiero esta línea de pensamiento: Dios, si en Él crees, deja que el hombre y la naturaleza hagan lo suyo y funcionen con su propia libertad. Entonces podría atacarme mi hijo y volver a preguntarme:

—Si es así, ¿para qué necesitamos a ese Relojero que no se ocupa de ningún reloj?

Yo respondería:

—Para que el reloj funcione solo pero a sabiendas de que no está solo, de que hay un Superior, un Otro que observa mis pasos, no los maneja pero los observa, y espera algo de mí. Alguien espera algo de mí. Si esto pienso, mi vida toma cierto sentido, cierto rumbo.

Dejo en tus manos, en tu mente, en tus diálogos, lectora, lector, tus respuestas, que cada día deberían ser nuevas, revisadas, repasadas, porque no cabe duda de que aun si uno fuera el colmo de los materialistas es un misterio que tú y yo estemos en el mundo, es un misterio la evolución por más explicable que sea en términos darwinianos, y es un misterio que estas palabras se unan en frases y lleguen a ti y tal vez te digan algo.

No cuentan las ideas sino sus consecuencias

El problema de la existencia o inexistencia se resuelve fácilmente con una sola frase. No es ese el problema. Nace después de la frase, del sí o del no. Los interrogantes se desatan luego:

—Si existe, ¿entonces qué?

—Si no existe, ¿entonces qué?

Dos son los niveles en que manejaremos nuestras divagaciones. El uno es el de las ideas paralelas acerca de Dios; el otro se refiere a la consecuencia interna que cada idea supone, lógica o absurdamente.

Si en cuanto a las ideas es relativamente difícil determinar con precisión su génesis, el porqué de su parición y aparición, resulta, en cambio, más fácil establecer el para qué; el adónde conduce la idea y qué problema viene a resolver.

Concluyamos esta introducción con un enfoque de Octavio Paz (*Corriente Alterna*), que con maestría expresiva y conceptual define uno de los núcleos relativos a la concepción de Dios como suma de percepciones conflictivas.

"Aunque la antigüedad clásica había pensado el Ser y concibió la Idea y la Causa inmóvil, ignoró la noción de un Dios creador y único. Entre el Dios judeo-cristiano y el Ser de la Metafísica pagana hay una contradicción insuperable: los atributos del Ser no son aplicables a Dios. Y más: el Ser es incompatible con cualquier monoteísmo".

Dos ideas paralelas, sin embargo, se tocan, se chocan, se funden. Nace el fuego de la idea absolutamente ambigua.

La fe y la filosofía

El monoteísmo nacido en el oriente bíblico se encuentra con el monoteísmo emergido del filosofar helénico. Unos y otros hablan de Dios como único y absoluto.

¿Dicen lo mismo?

La *Biblia* considera a Dios en calidad de Creador. Así empieza ese libro de los libros:

"En el comienzo creó Dios los cielos y la tierra".

No lo demuestra ni explica ni pretende siquiera insinuar razonamiento alguno para convencernos. Es un dato. El dato primigenio del cual se parte. Si es Creador, ha tenido una intención, una finalidad. Creer, desde lo bíblico, implica asumir que hay un juez. El Creador no se retira de la escena sino que, por así decir, se corre a un costado para ver y juzgar qué hacemos con Su Creación.

Es fe, no razón. No implica ello que se oponga a la razón; significa que no apela a los servicios de la razón para afirmar su más elemental creencia: este mundo es creado y por tanto tiene un Creador. Significa que va hacia algun lado, y que yo soy responsable, en mi pequeñez, de ese rumbo. Alguien me mira. Alguien espera algo de mí. No estoy solo aunque esté solo. Eso creo.

En la filosofía griega el tema es el Ser. Logos, razón son las armas básicas para dilucidar la cuestión del Ser. Aristóteles, cumbre sistematizadora de esa línea de reflexión, hace del Ser una magistral maquinaria regida por un Motor Inmóvil, en otros términos: Dios.

Las apreciaciones de Aristóteles en su *Metafísica* tienen este tono, este sabor:

"El mundo de toda eternidad es lo que es... Hay también algo que mueve eternamente... es un ser que mueve sin ser movido, ser eterno, esencia pura y actualidad pura... El ser que imprime este movimiento es el motor inmóvil. El motor inmóvil es, pues, un ser necesario; y en tanto que necesario, es el bien...".

La gran máquina y el Motor Inmóvil que la moviliza. El cosmos y Dios. Engranajes.

El Dios de Aristóteles explica el movimiento de la existencia, pero no el origen ni el sentido de la misma. En verdad nada se le pregunta y nada debe responder. Desencadena el movimiento, y más no se interesa en lo movido por él.

A lo sumo en el famoso tratado *De anima* autorizaría Aristóteles que su Dios tuviera alguna relación con las mentes humanas por vía de la inteligencia. Todos los intelectos serían destellos del gran Intelecto. Motor-inmóvil-intelecto.

El otro, el Dios derivado de la *Biblia*, está y es en la relación. La criatura, el hombre, le pertenece en cuanto ente creado y luego en cuanto fue creado para algo.

En el orbe de Aristóteles el movimiento se justifica a sí mismo. En la perspectiva del Dios bíblico no hay eternidad, sino comienzo. La creación es un punto de partida de una Voluntad que, como tal, tiene una finalidad. "Dios creador, salvador y personal", dice Octavio Paz.

El gélido Motor Inmóvil me desconoce. Tampoco cabe hablarle, reclamarle, rezarle, esperarlo. Es im-personal y niega toda personalidad.

Un día —una época, una era— ambas visiones tan dispares de la divinidad, tan contrarias y contradictorias, se rozaron y se infiltraron la una dentro de la otra. Es evidente: la helénica dentro de la primera judía y luego cristiana. "Dios, nuestro Dios —continúa comentando Paz—, fue víctima de la infección filosófica: el Logos fue el virus, el agente fatal. Así pues, la historia de la filosofía nos limpia de la culpa de la muerte de Dios: no fuimos nosotros los asesinos sino el tiempo y sus accidentes... Nuestra conversión del paganismo fue de tal modo incompleta que los cristianos nos servimos de la filosofía pagana para matar a nuestro Dios".

EL VIRUS

Dios no hubiera muerto, en la frase de Nietzsche y en *Los endemoniados* de Dostoievski, si previamente no hubiera tenido dentro de sí, de su concepto, el virus de la agonía producida por la fusión de lo imposible de ideas incompatibles: la filosófica de la razón, la religiosa de la fe.

Fides quaerens intellectum: la fe en busca del intelecto, sostenía San Anselmo de Canterbury en la Edad Media. Desde que la fe comenzó a buscar al intelecto para justificarse, para aliarse con él, para rendirle pleitesía y someterse a sus requerimientos, comenzó la decadencia de la fe. Porque, a decir verdad, por más esfuerzos titánicos y tantálicos que hayan realizado los Maimónides, los Tomás de Aquino, los Avicena, nunca nadie se convenció realmente de que la fe podía plantearse en términos de ciencia.

> *Fides quaerens intellectum:* la fe en busca del intelecto, sostenía San Anselmo de Canterbury en la Edad Media. Desde que la fe comenzó a buscar al intelecto para justificarse, para aliarse con él, para rendirle pleitesía y someterse a sus requerimientos, comenzó la decadencia de la fe.

El empeño —y el constante aunque no reconocido fracaso— en esta línea de intercomunicación mantuvo durante casi dos milenios al concepto "Dios" en un vaho confuso, pluridimensional, físico (causa de todas las causas), metafísico (intelecto de todos los intelectos), religioso (revelado), místico (persona-a-persona, inefable), mágico (milagroso), salvador (mesiánico)... De las múltiples facetas surgen las contradicciones insalvables, las incoherencias.

Iehudá Haleví atrevióse a rechazar, en pleno siglo XII, al Dios de Aristóteles. Después Pascal, que prefirió adherir, como él decía "al Dios de Abraham, de Isaac, de Jacob", esto es "de alguien", personal, "Dios viviente".

Más cerca de nosotros, el danés Sören Kierkegaard desechó los embates del racionalismo hegeliano. Quería respuestas personales, y la filosofía no se las proporcionaba. También él se buscó en las figuras de Abraham (padre de la fe) y de Job (paradigma del sufrimiento injustificado).

HABLAR CON, NO HABLAR DE

Ya en nuestro tiempo, Martin Buber considera que es imposible hablar de Dios; tan sólo se podría hablar con Dios.

En el *Diario Metafísico* de Gabriel Marcel, la problemática del hombre contemporáneo adquiere ribetes de análisis y de alternativas libres de toda confusión:

"Yo pretendo que el sujeto no desempeña el mismo papel en el yo pienso y en el yo creo, y esto es capital... El yo pienso es universal, o por lo menos se suprime en la universalidad del sujeto pensante. En tanto que yo pienso, soy universal... Nada de esto hay en la fe, y los equívocos que siempre se han cernido sobre la idea de una *VernunftReligion* (religión de la razón) estriban precisamente en que no se hizo claramente la distinción; o bien la religión se reduce a un conjunto de afirmaciones puramente racionales, es decir, válidas para un pensamiento en general, y entonces no es más que un deísmo abstracto y sin contenido... o bien renuncia a fundarse en un universal y entonces no es más que andamiaje sentimental y enteramente subjetivo. Me parece que el camino verdadero está entre ambos y que es preciso abrirlo".

Lo universal es lo racional, es lo no-personal. Filosofía, ciencia. La fe es personal, por tanto no-universal, subjetiva, absolutamente mía. Hasta aquí la distinción de Marcel es precisa, tajante. Pero... insistirá en buscar un puente.

Mencioné a Gabriel Marcel. De ese pensador creyente quiero también citar:

"Se ve porque no es posible demostrar la existencia de Dios: no hay paso lógico que permita elevarse a Dios partiendo de lo que no es él".

De esta manera se rechaza la aparente prueba que tuvo —y sigue teniendo— vigencia durante largas generaciones, y que es la del Motor Inmóvil: el movimiento debe tener una causa, y ésta otra, y así regresivamente hasta hallar una causa sin causa, *ens a se*, el ser causado por sí mismo, el motor inmóvil. Marcel desecha ese argumento. Desecha todo argumento. Es imposible argumentar racionalmente la existencia (y también la inexistencia) de Dios, puesto que no se podría producir jamás el salto lógico de lo finito a lo infinito.

La fe conoce, en cambio, dos vías ambas de la experiencia, no de la razón: a) la propia, personal, subjetiva; vivencia, revelación, sentimiento; b) la de la tradición religiosa que alude ya no a mi experiencia sino a la de mi gente, mis antepasados, mi pueblo, mi credo.

EL VELO QUE CAE

El Dios de los filósofos se demuestra. El de la fe se revela, y por tanto se torna vivencia, intuición, experiencia, se vive. Se muestra en el acontecimiento. Por eso a ese acontecer le dicen re-velación: cae un velo y de repente puedes ver. Tú. Es un acontecimiento personal, único, inesperable, innerrable. Un milagro. Por tanto no tiene recetas, salvo el cultivo constante del alma, de la fe, de la sensualidad mística hacia el mundo y los otros como seres de la Creación y por tanto mensajeros del Creador.

El monoteísmo arranca de los primeros versículos bíblicos que narran la Creación. La idea de Dios, en esos capítulos, fue durante largos siglos mal entendida, como si se tratara de una ficción científica, una hipótesis acerca de cómo adivino el mundo y sus seres. Quien relea esos textos dirá que la *Biblia* no se ocupa de narrar detalle alguno acerca de la creación (cosa que uno realmente aguardaría con afán pasional, saber con algo más de precisión "cómo fue eso"), temas y variaciones de los que se ocupan varias mitologías primitivas.

El Génesis no se molesta siquiera en hacer ciencia; en cambio sí hace hincapié en el orden cósmico. No es la mera existencia de cosas lo que sugiere la existencia de un Creador, sino la estructura, el orden, la matemática organización de los reinos del Ser, unidos, ligados, dependientes el uno del otro, el superior del inferior, el inferior del superior: eso da la pauta de una Voluntad plasmadora.

Diríamos que más que postular la fe en el Creador, lo que el texto bíblico insiste en puntualizar es la condición nuestra de creados, esto es de involucrados dentro de una organización y de seres responsables por nuestro puesto y nuestro estar a favor o en contra del "vio que era bueno" que corona a cada momento o fase de esa organización.

EL DRAMA DE OCCIDENTE

Occidente se consolidó en torno del eje claro y confuso a la vez de la idea cristiana de Dios. Claro en cuanto al monoteísmo, creación, salvación, redención, providencia. Confuso en cuanto el drama de Cristo —esencia del cristianismo— es olvidado para mejor traducir la fe en términos de aristotelismo, platonismo y sincretismos medievales varios.

Ya citamos a Marcel: el Dios universal de la filosofía no concilia bien con el personal, Aquel a quien Jesús invoca, persona a persona, en términos de los Salmos: "Dios mío, Dios mío, ¿por qué me has abandonado?".

El "mío" ya es ridículo a los ojos de la filosofía. En este punto filósofos de todos los monoteísmos adolecen de los mismos conflictos cuando procuran puentes de intercambio conceptual entre la fe y la razón.

Occidente es, por tanto, conflictivo. La esencia de Occidente es el conflicto, y todo auténtico religioso no podrá vivir sino conflictivamente su religión, en un sapiente no saber, al modo de Unamuno:

> *Cuando Tú de mi mente más te alejas*
> *más recuerdo las plácidas consejas*
> *con que mi ama endulzóme noches tristes.*

Se aleja, se eclipsa, se revela. Este es el auténtico Dios de la fe, auténticamente problemático para el hombre que no logra conciliar jamás el ser con el estar, lo finito con lo infinito, lo cósmico universal con lo privado personal. El de la mente se aleja; en cambio se presenta el Dios de la infancia, de las noches tristes.

Es el mismo Pascal, exactamente el mismo, el que pasa a la posteridad por haber dicho: "El hombre no es más que un junco,

193

el más débil... pero un junco que piensa; el mismo que afirma la dignidad suprema del pensamiento, el mismo es el que rechaza al Dios de los filósofos y se acoge al 'Dios de Abraham, de Isaac, de Jacob', es decir de personas, de niños, amas y noches tristes".

EL SENTIDO DE LA CRISIS

Cuando se habla de la crisis de la fe, se habla incorrectamente. Lo que está en crisis es la formulación de la fe en términos de simbiosis oscuras, pseudocientíficas, justificadas en absurdos devaneos racionalistas.

Pascal decide pensar como los filósofos pero creer como Abraham, el padre de la fe que no demuestra la existencia, sino que opta por ella, apuesta a ella, y en ese acto se entrega. Eso es y será fe.

La divinidad se presenta como: "Yo soy el camino, la verdad y la vida" (Juan 14, 6).

Se elige o se rechaza. No se indaga, no se analiza. En la antigüedad bíblica "verdad" (*emet*) equivalía a lo que hoy se dice "fe" (*emuná*). Es estrictamente la misma raíz significante y semántica.

Véase, a título de mero ejemplo, cómo esa "verdad de la fe", de pronto es transformada en la escolástica en un problema epistemológico. Así en efecto, comienzan los diálogos del tratado *Sobre la Verdad* de San Anselmo:

"Puesto que creemos que Dios es la verdad y decimos que la verdad existe en muchas otras cosas, quisiera saber si siempre que se profiera una verdad, debemos confesar que ella es Dios".

Muy lejos, muy atrás, casi borroneado totalmente, ha quedado el mundo bíblico primero de los profetas y luego del propio Jesús o Juan.

Claro está que dentro de la Iglesia hubo movimientos en contra de esta "asimilación" de lo divino a lo filosófico, y de la fe a la racionalidad abstracta, mecánica y muerta.

Si algún adjetivo bíblico es válido respecto de Dios es el de Dios viviente. Por defender a este Dios, en su manera cristiana, contra el vasallaje a las muertas imágenes de la divinidad que los griegos presentaban se levantó, por ejemplo, Lactancio. Más tarde Duns Scoto, en plena Edad Media defiende la "voluntad" de Dios contra el automatismo que Aristóteles le presta a "la causa primera", esa inmóvil eternidad del Ser.

De todos modos venció la corriente, digamos, conciliadora que produjo un fruto ambiguo, de muchos años de duración, pero frágil finalmente, y que poco tiempo atrás definitivamente entró en crisis, es decir en desmembración o desmoronamiento.

A eso se refiere la frase de Nietzsche "Dios ha muerto". Esa idea, siempre suturada y argamasada con elementos incompatibles entre sí, finalmente se quebró, murió.

Sólo que Nietzsche cometió el infantil error de confundir una idea, una representación de Dios, con Su Realidad. O, mejor dicho, los intérpretes de Nietzsche que, como el maestro lo predijo en sus obras, serían pésimos.

CONCLUSIONES DE LOS TIEMPOS ACTUALES

Hoy ya sabemos que ciencia y religión, razón y fe, son modos distintos que, en lenguajes simbólicos diferentes, expresan variadas facetas de lo humano. Ni se contradicen ni se ratifican ni tienen puntos de contacto. Nótese cómo describe el fenómeno religioso Rudolf Otto en su ya clásico libro *Lo Santo*:

"La beatitud producida por el poder fascinante de lo numinosos es de especie muy distinta. Por muy intensa que sea la atención, no llegamos a sacarla a la luz de la inteligencia comprensiva, sino que permanece en la irremisible oscuridad de la experiencia inconcebible, puramente sentimental... Eso quiere decir para nosotros que es irracional".

En pleno corazón de la esencia de Occidente había dicho Meister Eckhart: "Los hombres no deberían pensar tanto en lo que deben hacer como en lo que deben ser. No pensar en asentar el fundamento de la santidad sobre el hacer sino más bien sobre el ser. Porque las obras no nos santifican sino que nosotros debemos santificar las obras. Quien no sea grande en su ser esencial no logrará nada por las obras, sean éstas las que fueren".

Es la culminación del Nuevo Testamento. El Antiguo, sin embargo, se renueva, según dijimos, por los diversos canales reformistas dentro de la tradición cristiana.

El ser de la intención y la intención del ser coronan a la ética que, a su vez, es el punto supremo en materia de "construcción" filosófico-moral, de Kant. Después comienza a resquebrajarse el edificio.

Y comienza lo que Paul Tillich llama "la era protestante" (véase el libro homónimo). Es la que nos toca vivir. El ser quedó agotado en todas sus posibilidades; el hombre interior está alicaído y ya no le caben fuerzas para poematizar, enmarañado en conflictos y neurosis de intenciones poco armonizadas. Resta lo que el místico Eckhart despreciaba, el quehacer, es decir: ¿qué hacer?

APRENDIZAJE DE LA PROTESTA

Paul Tillich, en su libro *La era protestante*, responde: Protestar contra cualquier dogma, incluso el protestantismo vuelto liturgia y doctrina establecida; dogma exterior, dogma interior; iconoclastia absoluta y responsable. "Es el principio que convierte la palabra accidental 'protestantismo' en un nombre esencial y simbólico, que implica que no puede existir una jerarquía sagrada con autoridad absoluta, que no puede existir en el espíritu humano una verdad que sea, en sí misma, una verdad divina".

El texto que citamos es sumamente osado. No nos enclaustraremos en la clasificación de Tillich como "protestante" en el sentido sectario del término. Importa más la filosofía de la protesta que él invoca, y su inmediata consecuencia no es el caos, el *laissez faire*, sino la absoluta responsabilidad de la absoluta autoridad que es también esencialmente falible de cada individuo para decidir, elegir, determinar el valor de cada acto, momento, ya que toda autoridad exterior queda anulada y no hay a quién apelar para que nos sirva de apoyo y de justificación o consuelo.

El hombre consigo mismo. A "esto" lo interpreta Tillich como religiosidad.

Todas las ideas consagradas de Dios, efectivamente, ya han caducado o "muerto" como le gustaría decir a Nietzsche. Tillich, el religioso, lo confirma y no se molesta. Se coloca a la altura de los tiempos —la nuestra— y la enfrenta cara a cara. Ya no podrá invocar autoridad alguna.

Nadie lo respetará. Tillich lo sabe; de facto la iconoclastia —y la correspondiente idolatría que salta del polen de un ídolo pasajero al de otro recién nacido y mañana olvidado— es la moneda más corriente.

Nadie cree, en el sentido de que nadie confía en alguna autoridad suprema que maneje sus pasos, salvo en casos de histeria masiva y criminal donde la autoridad se erige a costa de la anulación del uno mismo, que se hunde bajo el peso carismático del líder para dejar de ser responsable.

EL HOMBRE A SOLAS

De esta situación parte Tillich, pensando desde el protestantismo religioso de nuestro tiempo.

Cada una de estas últimas palabras debe ser remarcada para no perderse en el fárrago de las fórmulas hechas. Porque muchos son los llamados religiosos (por estar afiliados a alguna religión), y pocos los que son en religión. Muchos viven en nuestro tiempo, y pocos son de nuestro tiempo, realmente (la mente volcada en la realidad; la realidad ingresando en la mente) conscientes del entorno y su problemática.

Dios fue reemplazado, en nuestro tiempo, por diosecillos y endiosamientos vanos, pasajeros, sucesivos, pero espantosamente dogmáticos, absolutistas, celosos y hasta criminales cuando no se cumple con ellos.

> **Dios fue reemplazado, en nuestro tiempo, por diosecillos y endiosamientos vanos, pasajeros, sucesivos, pero espantosamente dogmáticos, absolutistas, celosos y hasta criminales cuando no se cumple con ellos.**

¿Cómo constituir una religión, una fe?

Ya no por el túnel de la ciencia. Esa salida ha muerto. Tampoco por asunción de una autoridad, *magister dixit*, "dijo el maestro".

Nadie ha de creer porque otro haya creído. No hay apoyo ni en la razón ni en la tradición. Queda el hombre a solas consigo mismo.

"La cultura autónoma hizo pedazos las posesiones supuestamente invulnerables de la Iglesia, y ésta se ha visto obligada a replegarse, abandonando tras de sí todas sus certezas... Pero esta misma situación ha llevado a algunos miembros de la Iglesia a percatarse de que la tarea de la Iglesia no consiste en la defensa de un dominio religioso sino en la proclama de una situación límite, en la cual todo dominio, secular o religioso, se cuestiona".

DESDE LAS PROFUNDIDADES

La fe ha de partir de cada uno, sin supuestos exteriores, desprovista de todo ajuste a bases doctrinarias, partiendo exclusivamente de lo que Tillich llama la "situación límite". El fin del razonamiento de Tillich, el de la protesta, rechaza toda autoridad y sacralización de ente alguno, para dejarnos des-pojados, desnudos, y de esa manera, también desesperados. Si el hombre se queda auténticamente solo, sin consuelos ni panaceas exteriores a él, estará en el borde del precipicio, de la situación límite, preguntándose las cuestiones esenciales acerca del qué, por qué, para qué, su sentido en el mundo.

Así rompe Tillich los muros entre "lo santo" y "lo profano", la Iglesia y la calle, lo sacro y lo secular.

"De este modo el principio protestante niega a la Iglesia la posesión de una esfera santa, así como niega a la cultura una esfera secular que pueda eludir el juicio de la situación límite tanto fuera de la Iglesia como entre sus muros."

"Desde las profundidades Te llamé, Dios", dice el salmista.

Profundidades equivale a situación límite. Estas profundidades se experimentan, se viven. Dios de la experiencia.

Esa experiencia no tiene lugar predeterminado ni santidades prefijadas. Está donde el hombre la encuentra.

De la mano del protestantismo —no codificación religiosa de la secta cristiana, sino la filosofía de la protesta contra cualquier sacralización autoritaria— retornamos al Antiguo Testamento, al Dios de Israel, aquel que rehusaba morar "en una casa", el de los profetas que repudiaban a los hombres que habían hecho del Templo un automático centro de catarsis redentora, que con sólo entrar en él uno se purificaba y santificaba, el de Jeremías que expulsaba a los ladrones del Templo, el de Jacob que lo encuentra en pleno camino, el de Moisés que lo halla en una pobrísima zarza ardiendo en el desierto, el de Samuel que lo oye, en el misterio silencioso de una noche, mientras dormía junto al sacerdote Elí, el que hace decir al poeta Iehudá Haleví, en España, siglo XI, "al salir a tu encuentro, a mi encuentro te hallé", el del encuentro, en efecto, diálogo en lenguaje de Buber.

Voz que clama y exige.

Gandhi habló de esa "voz", de esa experiencia personal de lo divino como voz, llamado, invocación:

"No sé de un modo para convencer al escéptico sobre la existencia de esta voz. Es libre de decir que es una ilusión o una alucinación. Puede que lo sea. No puedo probar su existencia. Pero puedo decir que la unánime contradicción del mundo entero no me hará flaquear en mi fe de que lo que he oído es la voz de Dios. Esta voz es más real para mí que mi propia existencia".

Probar, saborear, sentir el gusto de la experiencia de lo divino, es *probar*, es decir *com-probar*, uno con otro, yo y tú.

CAPÍTULO XI

EL BIEN Y EL MAL

EL CIEGO QUE SABÍA VER

Siempre conviene pensar desde la realidad. La realidad es lo que se dice de la realidad. El cuento que se cuenta. Viene, pues, a cuento esta historia de Raymond Carver, de su libro *Catedral*.

Una señora se hace amiga de un ciego. El tiempo y las ocupaciones los alejan, pero ellos se siguen escribiendo, comunicando, narrando sus respectivas vidas y experiencias.

Un día se entera de que el ciego acaba de enviudar. Siente la necesidad de invitarlo por unos días a su casa. El esposo de ella no simpatiza demasiado con la idea, pero finalmente acepta.

Llega el ciego y se integra a la vida de la pareja. Al ciego le gusta la televisión. Cuenta que tiene dos televisores, uno viejo de blanco y negro, y otro de color. De modo que se sientan, después de comer, juntos a ver —u oír— televisión.

El esposo, que es el narrador, nos transmite:

"En la televisión había algo sobre la Iglesia y la Edad Media. No era un programa corriente. Yo quería ver otra cosa. Puse otros canales. Pero tampoco había nada en los demás. Así que volví a poner el primero y me disculpé.

—No importa, muchacho —dijo el ciego—. A mí me parece bien. Mira lo que quieras. Yo siempre aprendo algo. Nunca se acaba de aprender cosas. No me vendría mal aprender algo esta noche. Tengo oídos".

Era una película de acción, de violencia, de gente que golpea y gente que cae, hombres, demonios, rabos, cuernos. En realidad era un documental sobre una procesión religiosa que se celebraba en España una vez al año.

El hombre le va contando al ciego las escenas. Aparece en la pantalla una catedral. Luego surge Notre Dame de París. El dueño de casa continúa describiendo lo que ve. Aparecen catedrales de Italia. De pronto le dice al ciego:

"—Se me acaba de ocurrir algo. Tiene usted idea de ¿qué es

una catedral?, ¿qué tiene?, si alguien le dice la palabra catedral, ¿sabe usted de qué le hablan?"

El ciego le comenta lo que sabe sobre la historia de las catedrales, cómo se construían a lo largo de varias generaciones, o a veces, siglos. De todos modos no sabe qué es, cómo es una catedral, y le pide al anfitrión que se la describa.

"Me volví hacia el ciego y le dije:

—Para empezar son muy altas... Suben muy arriba. Hacia el cielo... El apoyo se llama arbotante. Me recuerdan a los viaductos, no sé por qué. Pero quizá tampoco sepa usted lo que son los viaductos".

El hombre va asociando ideas, para darle alguna imagen sensible al ciego.

"—Están hechas de piedra —continúa hablando—. De mármol también, a veces. En aquella época, al construir catedrales los hombres querían acercarse a Dios. En esos días, Dios era una parte importante en la vida de todo el mundo".

No sabe qué más decir. El ciego le pide permiso para hacerle una pregunta. El otro autoriza.

"—Eres mi anfitrión. Pero, ¿eres creyente en algún sentido?

Meneé la cabeza. Pero él no podía verlo. Para un ciego es lo mismo un guiño que un movimiento de cabeza.

—Supongo que no soy creyente. No creo en nada. A veces resulta difícil. ¿Sabe lo que quiero decir?

—Claro que sí".

EL DIÁLOGO DE DOS MINUSVÁLIDOS

Un hombre vacío, que no cree en nada, dialogando con un hombre, también él, desprovisto, pero no de fe sino de ojos. Los dos carenciados, los dos minusválidos.

El hombre sin fe, no sólo en Dios sino en general, en nada, el que dijo claramente "no creo en nada" sigue explicando:

"—Las catedrales no significan nada especial para mí. Nada. Catedrales. Es algo que se ve en la televisión a última hora de la noche. Eso es todo".

El mundo es la televisión. Lo que se ve. El otro también vive de televisión, pero oye. Hay cosas de la mañana, hay cosas de la tarde, y cosas de última hora. Esta es la única diferencia entre las cosas. Las catedrales son de la última hora de la noche.

Al ciego se le ocurre una idea, de pronto. La expresa:

"—¿Por qué no vas a buscar un papel grueso? Y una pluma. Haremos algo. Dibujaremos juntos una catedral".

El otro cumple con la sugerencia. Total, le da todo lo mismo, dibujar catedrales con un ciego o contemplar el cielo raso. No cree en nada, nada vale la pena.

Trae los elementos. Empieza a dibujar según se le antoja. Arcos. Arbotantes. Él dibuja y el ciego palpa el papel, las líneas escritas. El ciego está contento. La mujer de la casa pregunta qué hacen.

"—Estamos dibujando una catedral. Lo estamos haciendo él y yo. Aprieta fuerte —me dijo a mí—. Eso es. Así va bien. Ya lo tienes, muchacho. Lo sé. Creías que eras incapaz. Pero puedes, ¿verdad?".

Después tiene el ciego otra idea: que el hombre siga dibujando pero con los ojos cerrados. Él acepta. Ahora dibuja sin ver, como un ciego. Ahora son dos ciegos. El otro, el ciego real, palpa con sus dedos las líneas. Le parece que ya está listo el trabajo, concluida la catedral.

"—Echa una mirada —le dice al hombre".

El sujeto se rehúsa. Mantiene los ojos cerrados, no quiere abrirlos. El otro pregunta:

"—¿Estás mirándolo?

Yo seguía con los ojos cerrados. Estaba en mi casa. Lo sabía. Pero ya no tenía la impresión de estar dentro de nada.

—Es verdaderamente extraordinario —dije".

EL UNO Y EL OTRO

Ahí concluye el cuento.

No me gusta analizar literatura en términos de conceptos, ya que el arte es para ser disfrutado, en las vibraciones que nos provoca, y no desecado en ideas. Pero no resisto la claridad de este mensaje: Cómo un ciego, y otro hombre, vacío de toda creencia y de toda esperanza, desconocidos entre sí, sin previa simpatía, pueden ligarse en una obra en común, en una empresa, y alcanzar la plenitud. Ser felices. Uno, el dueño de casa, rompe su coraza, sus prejuicios, y se abre hacia el otro, y el otro encuentra en él un par de ojos, y ambos encuentran en la catedral un sustento.

Uno le responde al otro. Uno da una idea. El otro da su entrega, su trabajo. Y a ambos se les da el encuentro.

Al que da, se le da.

Pero tiene que cerrar los ojos para ver mejor, para ver el misterio de la existencia que es la conjunción de dos seres, es decir dos extraños. ¿Qué puede ligarlos? Un sueño en común. Cerrar los ojos, cegarse, y a partir de ahí ver-con-el-otro.

EN BUSCA DE VERDADES DEFINITIVAS

Veamos cómo llega Descartes a su famosa proposición PIENSO, POR LO TANTO EXISTO.

"Me hallaba entonces en Alemania —cuenta en *El discurso del método*— adonde me había llamado la ocasión de guerras que todavía no han terminado, y al volver al ejército después de la coronación del Emperador, el comienzo del invierno me hizo detener en un lugar donde, no encontrando ninguna conversación que me divirtiera, y por otra parte, no teniendo afortunadamente preocupaciones ni pasiones que me turbaran, permanecía todo el día encerrado, solo al lado de la estufa, donde tenía todo el ocio para entretenerme con mis pensamientos".

Aunque el filósofo francés, en la obra citada, pretende enseñarnos el método para lograr un recto pensamiento y hallar la verdad, de paso nos cuenta algo que no pretende hacer, y es que además de método se necesitan otras condiciones, materiales, de ocio, tiempo libre, des-preocupaciones, y una buena estufa para calentarse en el invierno. Así puede uno entregarse a las meditaciones.

Hay que tener condiciones interiores, pero también exteriores, para pensar. Si uno debe pensar cómo ganar plata para comprar una estufa, no alcanzará el grado de filosofía que Descartes alcanzó.

Lo dijo Aristóteles, y lo repite Descartes: "no teniendo afortundamente preocupaciones ni pasiones que me turbaran… (y además) tenía todo el ocio, para entretenerme con mis pensamientos".

Lea bien el lector y verá que si Descartes en ese momento hubiera estado divirtiéndose con amigos no se habría estado divirtiendo, entreteniendo, con sus pensamientos.

Dadas ya las condiciones exteriores, comienza a trabajar el ser pensante, que al no estar atrapado por las cosas, ya que las tiene, está libre para pensar en cosas más altas, menos inmediatas, por ejemplo ¿cómo se hace para alcanzar la verdad? ¿Y qué descubre uno?

Ante todo, uno descubre que el interior lo tiene invadido por ideas y creencias de los maestros, de los padres, de la sociedad. Uno es un colonizado.

Y puesto que el sujeto halla contradicciones por todos lados, se pregunta, insisto, por el método para lograr un cimiento firme para el conocimiento, una base in-discutible. A tal efecto lo primero que hay que hacer es dar por tierra con todo lo que uno tenía por cierto, y empezar desde cero.

Dudar. Dudar de todo.

EL JUEGO DE LA DUDA

Descartes es prudente, y toma sus precauciones. Porque mientras tanto, hasta que encuentre los nuevos cimientos para el conocimiento seguro, ¿cómo vive?

"Antes de comenzar a reconstruir la casa en que habitamos, no basta derribarla y hacer provisión de materiales... sino que también es preciso haberse agenciado otra donde podamos alojarnos cómodamente mientras duren los trabajos".

En consecuencia, dice, "me formé una moral provisional, que se expresa en estos términos:

"Obedecer las leyes y costumbres de mi país, conservar constantemente la religión en la cual Dios me concedió la gracia de ser instruido desde mi infancia, y regirme en todo lo demás según las opiniones más moderadas y más alejadas del exceso, que fuesen aceptadas comúnmente en la práctica por los más sensatos de aquellos con quienes tuviera que vivir".

Es obvio que Descartes no arriesga demasiado. Dice que destruirá todo pero mientras tanto conservará todo. Y de lo que no le cabe duda alguna es que la religión de su infancia es una gracia que merece gratitud.

Así se protege el filósofo de cualquier asechanza o acusación del mundo convencional.

Ahora ya puede ponerse a pensar tranquilo.

Dudo de todo. Por lo tanto estoy pensando. Puede ser que piense bien, o que piense mal. En ambos casos, cualquiera que sea el resultado, no puedo dudar de que existo.

Por lo tanto: *cogito, ergo sum*. Pienso, por lo tanto existo.

¿Este "existo", a qué alude? ¿Al cuerpo? Podría ser que me engañe y que este cuerpo que tengo tal vez no sea mío, no sea cuerpo, no exista, sea una ficción, o un delirio.

Lo que no es ficción es que pienso. De ello no puedo dudar. Y el pensar obviamente es un acto del espíritu, del alma.

CUANDO DIGO YO

En consecuencia cuando digo "yo" digo mi alma, que contiene mi pensar, y que es la única certidumbre de mi ser.

"Yo no soy sino una cosa pensante", concluye Descartes. También soy cuerpo, pasiones, y otros sucesos, pero todo eso es accidental, no es esencial, porque de ello no depende mi yo.

"De suerte que ese yo, es decir, el alma por la cual soy lo que soy, es enteramente distinta del cuerpo, y aun... en el caso de que él (el cuerpo) no fuera, ella (el alma) no dejaría de ser todo lo que ella es".

Esta es mi primera verdad. Verdad más allá de toda duda.

¿Pero si aun así yo me estuviera engañando? Para engañarme tanto debería existir alguna fuerza exterior, algún "genio maligno" que operara sobre mí su maléfica magia y me hiciera caer en esta trampa de una verdad que no es verdad.

¿Cómo puedo estar seguro de mis seguridades?

Aquí apela el filósofo a Dios. Necesita que Dios exista, para que él proteja mi verdad de cualquier genio maligno y otras hechicerías.

¿Cómo se demuestra la existencia de Dios?

El filósofo razona así: Encuentro en mí la idea "Dios". Esa idea me sugiere un ente perfecto, absoluto, infinito. ¿De dónde me viene esa idea? ¿Cómo puedo yo, ente finito, relativo, pasajero, y defectuoso, producir una idea así?

La causa nunca puede ser inferior al efecto. Si encuentro en mí la idea "Dios" y yo no pude haberla causado, ni tampoco otro como yo, eso implica que realmente Dios exista, y él sea el causante de esa idea dentro de mí.

Ergo, Dios existe.

EL CONTRATO SOCIAL

En Francia, entre los años 1754 y 1762, Rousseau seguirá esta tesis, la del llamado *Contrato Social*, como una libertad que se delega al Estado pero que luego se recupera a través de los derechos que el Estado, como espejo, me devuelve y que me permiten ser libre.

"El hombre —comenta Rousseau— ha nacido libre, y sin embargo vive en todas partes entre cadenas. El mismo que se considera amo no deja por eso de ser más esclavo que los demás. ¿Cómo se ha operado esta transformación? Lo ignoro... Creo poder resolver esta cuestión. ...El orden social constituye un derecho sagrado que sirve de base a todos los demás. Sin embargo, este derecho no es un derecho natural: esta fundado sobre convenciones".

En consecuencia hay que convenir qué convención nos conviene más. Y esta es la del contrato social. Contratamos la cesión de la libertad al Estado, y a este le dictamos nuestras reglas, nuestras leyes, y esas leyes nos devuelven la libertad cedida, ya que son nuestras. En lenguaje de Rousseau:

"La enajenación total de cada asociado con todos sus derechos a la comunidad entera, porque primeramente, dándose por completo cada uno de los asociados, la condición es igual para todos...".

La única forma de ser iguales, pues, es con el Leviatán sobre nuestras cabezas.

"El hombre pierde su libertad natural y el derecho ilimitado a todo cuanto desea y puede alcanzar, ganando en cambio la libertad civil y la propiedad de lo que posee".

LA FE ILUMINISTA

El Iluminismo es una fe, la fe en el individuo que desde la suma de individuos construirá la sociedad y así logrará tanto seguridad cuanto felicidad y libertad.

El gran fracaso del Iluminismo, y de su proyecto de progreso humano, consiste en que daban por sentado eso que había que construir: la total educación del hombre. Decían bien: la razón, si nos guía, procurará la paz, el amor, la tolerancia, el bienestar.

Pero esa razón no funciona sola. Hay que educarla. Así como

efectivamente son las manos del hombre las que movilizan a la computadora, pero no por naturaleza, sino por educación.

Educar, crecer, en razón y en confrontación de razón, ello traería luz. Se nos prometió la luz, pero no vino. Porque se fueron, o nos fuimos, a dormir la siesta pensando que pensando se cambia el mundo.

> Educar, crecer, en razón y en confrontación de razón, ello traería luz. Se nos prometió la luz, pero no vino. Porque se fueron, o nos fuimos, a dormir la siesta pensando que pensando se cambia el mundo.

Y cambió, claro que cambió. Sería necio no ver cuánto cambió. El progreso fue y sigue siendo notable en cosas, máquinas, comunicaciones, artefactos, cosas, objetos, energías, fuerzas, robotización, aviones, misiles, alimentación, cosas, más cosas, objetos, más objetos.

El progreso objetivo ha sido fenomenal. La existencia humana, en cuanto suma de días y años, ha progresado, como cosa que es, que se suma, notablemente. Hoy el promedio de vida es de más de setenta años. No mucho tiempo atrás era de cuarenta. ¿No es fantástico?

Lo es. Pero el hombre en sí, por sí, para sí, y para el otro, el *homo homini lupus*, ese no ha progresado. Ahí el iluminismo fracasó. Ya que ese era el punto que más le interesaba y no la eventual industria del teléfono celular.

Ahí el fracaso es rotundo, y el optimismo está de capa caída. En estos momentos el hambre y la desocupación cunden por todo el planeta. Locke, leído con ojos de hoy, resulta un bebé de pecho inocente cuando dice que trabajo es igual a propiedad. Suena casi ridículo.

El genocidio en pleno siglo, Vietnam luego, y Biafra, y Bosnia y Chechenia, y campos de concentración en varios países de América Latina, corroboran que los grandes dictámenes del iluminismo aún no han sido dados a luz.

Están impresos, los leemos, los copiamos, los dictamos, los enseñamos, y seguimos diciendo amor, libertad, igualdad, fraternidad, solidaridad, creatividad y sobre todo educación, pero...

En fin, no quiero nublar la vista del lector con "pálidas". La calle grita que hay que sonreír, y que si uno sonríe Dios lo ama. No sé si ese es el remedio. Creo que la sonrisa no viene condicionada por un ejercicio de los músculos faciales estúpidamente movilizados para que los demás estén contentos. Tal vez ese concepto, el de ser para ser aplaudido por los demás, deba ser el primero en ser puesto en duda.

208

Necesitamos un nuevo Descartes que ponga en duda tanta falsedad vestida de verdad absoluta que anda por la calle y condiciona a nuestros hijos. Son estos tiempos de filosofía. Para distinguir el bien del mal. Y sonreír cuando a uno le venga en ganas, o encuentre el digno motivo para esa actitud.

El mayor motivo, el del pensar, es crítico. El pensamiento ha de abandonar dogmas, y de buscar soluciones definitivas a los problemas de hoy y de siempre. Su función ahora, después de tanto fracaso entre ideas prometidas y realidades sobrevenidas, es la de poner bajo la lupa crítica, la duda cartesiana, todo otro pensamiento que se le presente con aire de firmeza y absolutismo.

> Necesitamos un nuevo Descartes que ponga en duda tanta falsedad vestida de verdad absoluta que anda por la calle y condiciona a nuestros hijos. Son estos tiempos de filosofía. Para distinguir el bien del mal. Y sonreír cuando a uno le venga en ganas, o encuentre el digno motivo para esa actitud.

EL REFUGIO EN TIEMPOS DE IN-SEGURIDAD

Pararse en dos patas, dijimos, es elegir la inseguridad, el pensamiento, la objetividad, la verdad, y la soledad. Todo lo que se gana es todo lo que se pierde.

Pero como hemos llegado del hombre primitivo, aquel que en un rapto de genialidad, como lo muestra Stanley Kubrik en *2001, Odisea del espacio*, contempla un hueso y descubre el significado hasta ese momento oculto, el de arma para matar enemigos, como de ahí hemos derivado a tú y yo, mirándonos, queriéndonos, y pensándonos, es decir, complicándonos en romper la intimidad del querer y trocarla por la lejanía del pensar, de querer saber qué es el otro, qué es la relación, y toda esta complicación escabrosa de estar tan solos, de no querer estar solos, y de girar hacia el pensamiento para ver cómo hacemos para no estar más solos, y de esa manera consolidar el acto de pensar que es acto de soledad y constitución de la soledad.

¿Cómo pasamos del hueso vuelto hacha o jabalina, un pensar pragmático, al servicio de la vida, para evitar la muerte, técnico, preciso, matemáticamente al servicio de la situación crítica que representa el enemigo, a esta otra situación crítica, también, para analizar en qué consiste el amor y el amigo?

Mantengo las coordenadas antes delineadas: pensar es evitar la muerte. La muerte de lo individual, de lo fragmentario y sin asidero, sin anclaje.

Pensar es buscar el anclaje de la unidad real frente a la fragmentariedad y pasajeridad y por tanto también mortalidad totalmente irreales. Maya, en lengua oriental. Velo pintado. Nada es salvo el todo.

Cada uno busca pensar el todo por otro camino, desde otra experiencia, a través de otro fluido sanguíneo que es su cultura, es decir la cultura —que no es suya— hecha suya.

Unidad. Comunidad. Totalidad. Trama de relaciones. Eso busco cuando pienso. Pienso cuando estoy fragmentado, cuando fui expulsado del útero de alguna totalidad y estoy afuera, expuesto, a la intemperie. Busco refugio.

La cultura, toda ella, es refugio, apaciguamiento, caricia para que los niños llenos de pánico que somos, nos durmamos tranquilos. La fragmentariedad es el mal. La separación. Lo dice Huxley en *El fin y los medios*.

El acto de búsqueda de la unidad es superar la negación de la separación y reintegrarse a lo bueno, al útero del que fui expulsado, es decir a uno nuevo, porque no es posible volver al paraíso del que se sale, y hay que inventarse un paraíso nuevo, una nueva unidad elemental.

Amor es la ansiedad que sale en busca de esa unidad, de ese paraíso, de esa paz imposible.

ACERCA DEL MERO SENTIMIENTO

Opina Kierkegaard, el filósofo danés del siglo XVIII, sobre estos temas:

"Solamente con el sentimiento un hombre no llega nunca a comprender a otro. Así que si algo llega a acontecerle, todo le parece diferente. Sus sufrimientos no lo capacitan para comprender los sufrimientos ajenos, como tampoco su felicidad constituye un medio para explicarse la felicidad de los otros. El sentimiento lo explica todo egoístamente en relación con su propia persona y, por lo tanto, está en discordia con todos los otros".

Nos disgusta, pero estamos solos. Si el otro es a veces un espejo, también es un muro impenetrable, porque nadie puede ir más allá de su propia piel, y cuando dice que 'entiende' al otro o 'siente' lo que el otro experimenta, no hace más que hablar de su propia piel; jamás del otro.

Henri Lefebvre, uno de los tantos y grandes comentaristas de Marx, dice:

"¿Qué significa criticar a la sociedad? Crítica a una sociedad es mostrar una contradicción entre el modo de existir de la misma, cómo funciona en la realidad, y la forma en que se nos presenta, aparece, y justifica a sí misma. Dicho con otros términos: hay un contraste, e incluso una contradicción entre los valores que ella pretende representar, y su realidad. Si yo critico a la sociedad de consumo, mostraré que nos habla de la felicidad mientras que lo que obtiene es malestar e insatisfacción. Uno critica a la sociedad contrastando los síntomas reales de su malestar y su insatisfacción por doquier, con su justificación ideológica, o formuladora de valores, que es la felicidad".

EL BIEN Y EL MAL

¿Habrá camino de retorno? No hay adonde volver. Hay que caminar, y siempre se camina hacia adelante. El pensamiento ha de hincarse en la circunstancia actual y aceptarla como dato, y a partir de ahí preguntarse cuál es el BIEN, sobre la base del MAL que domina.

El mal es la razón instrumental. El mal son las cosas que nos ocupan todo el campo de la vista, del oído, de la vida, los instrumentos, los objetos, las conquistas, los bienes.

El bien esta descrito en el paraíso como no-cosa, como relación humana, el ser con el otro.

"Estaban ambos juntos, el hombre y la mujer, y no se avergonzaban".

Eso era el Paraíso. Podría volver a serlo, si se tomase conciencia de que el tema no está afuera, ni es problema racionalista, o empirista, o idealista, sino meramente vincular.

Somos nuestros vínculos. Eso nos hace bien o nos hace mal. Yo, el otro. Esa es mi realidad. Otra no tengo. La otra, la que parecer ser mi realidad, mis negocios, el mundo, la capa de ozono, la economía, son cosas relativas a la supervivencia, pero no a la vivencia. La vivencia es con el otro, no con las ropas del otro, las marcas de esa ropa, el status, sus diferentes coberturas.

Hay que des-cubrirse. Volver a la desnudez original si queremos el bien. No es la revolución del proletariado, que en sí será bienvenida cuando llegue. Mientras tanto debemos apresurar nuestra propia revolución.

La gran pregunta, es en verdad pequeña y sencilla:

—Ya que todo progresa, ¿por qué no progresamos nosotros también?

El progreso sin el hombre, es el mal, porque engaña, como la droga. Nada de malo hay en la computadora, por cierto. Malo es el hombre sentado solo frente a ella creyendo que ella lo hará feliz. Lo hará eficaz, pero no feliz.

La felicidad se da, se recibe, se hace con otros. Con otros o hago negocios, y entonces los uso y me usan, o compongo alguna melodía del vivir, y entonces no intercambiamos nada, y no nos une el espanto, sino el amor, que es fe, en última instancia.

Re-ligo tu vida a la mía, porque creo que algo más profundo que los intereses utilitarios nos une.

ÍNDICE